# LE
# JUIF ERRAN

PAR

M. EUGÈNE SÜE

Tome Quatrième

PARIS
PAULIN, ÉDITEUR
RUE RICHELIEU, 60

1844

# LE
# JUIF ERRANT.

PARIS. IMPRIMÉ PAR BÉTHUNE ET PLON,
RUE DE VAUGIRARD, 36.

# LE
# JUIF ERRANT

PAR

## M. EUGÈNE SÜE

TOME QUATRIÈME

PARIS
PAULIN, ÉDITEUR
RUE RICHELIEU, 60

1844

# LE JUIF ERRANT.

## QUATRIÈME PARTIE.

### CHAPITRE PREMIER.

LA MASCARADE.

Le lendemain du jour où la femme de Dagobert avait été conduite par le commissaire de police auprès du juge d'instruction, une scène bruyante et animée se passait sur la place du Châtelet, en face d'une maison dont le premier étage et le rez-de-chaussée étaient alors occupés par les vastes salons d'un traiteur à l'enseigne du *Veau qui tette*.

La nuit du Jeudi-Gras venait de finir.

Une assez grande quantité de masques grotesquement et pauvrement accoutrés sortait des bals de cabarets situés dans le quartier de l'Hôtel-de-Ville, et traversait en chantant la place du Châtelet; mais en voyant accourir par le quai une seconde troupe de gens déguisés, les premiers masques s'arrêtèrent pour attendre les nouveaux en poussant des cris de joie, dans l'espoir d'une de ces luttes de paroles graveleuses et de lazzis poissards qui ont illustré Vadé.

Cette foule, plus ou moins avinée, bientôt augmentée de beaucoup de gens que leur état obligeait à circuler dans Paris de très-grand matin, cette foule s'était tout à coup concentrée dans l'un des angles de la place, de sorte qu'une jeune fille pâle et contrefaite, qui la traversait en ce moment, fut enveloppée de toutes parts.

Cette jeune fille était la Mayeux; levée avec le jour, elle allait chercher plusieurs pièces de lingerie chez la personne qui l'employait. On conçoit les craintes de la pauvre ouvrière, lorsque, involontairement engagée au milieu de cette foule joyeuse, elle se rappela la cruelle scène de la veille; mais malgré tous ses efforts, hélas! bien chétifs, elle ne put faire un pas, car la troupe de masques qui arrivait s'étant ruée sur les premiers venus, une partie de ceux-ci s'écarta, d'autres refluèrent en avant, et la Mayeux, se trouvant parmi ces derniers, fut pour ainsi dire portée par ce flot de peuple et jetée parmi les groupes les plus rapprochés de la maison du traiteur.

Les nouveaux masques étaient beaucoup mieux costumés que les autres; ils appartenaient à cette classe turbulente et gaie qui fréquente habituellement la Chaumière, le Prado, le Colysée et autres réunions dansantes plus ou moins échevelées, composées généralement d'étudiants, de demoiselles de boutique, de commis-marchands, de grisettes, etc.

Cette troupe, tout en ripostant aux plaisanteries des autres masques, semblait attendre avec une grande impatience l'arrivée d'une personne singulièrement désirée.

Les paroles suivantes, échangées entre Pierrots et Pierrettes, débardeurs et débardeuses, Turcs et sultanes, ou autres couples assortis, donneront une idée de l'importance des personnages si ardemment désirés.

— Leur repas est commandé pour sept heures du matin. Leurs voitures devraient être déjà arrivées.

— Oui... mais la *reine Bacchanal* aura voulu conduire la dernière *course* du Prado.

— Si j'avais su cela... je serais resté pour la voir, ma reine adorée.

— Gobinet, si vous l'appelez encore votre reine adorée, je vous égratigne ; en attendant je vous pince !...

— Céleste !! finis donc... tu me fais des noirs sur le satin naturel dont maman m'a orné en naissant.

— Pourquoi appelez-vous cette Bacchanal votre reine adorée ?.. qu'est-ce que je vous suis donc, moi?

— Tu es mon adorée, mais pas ma reine... car comme il n'y a qu'une lune dans les nuits de la nature, il n'y a qu'une Bacchanal dans les nuits du Prado.

— Oh! que c'est joli... gros rien du tout, allez!

—Gobinet a raison, elle était superbe, cette nuit, la reine !

— Et en train !

— Jamais je ne l'ai vue plus gaie.

— Et quel costume... étourdissant !

— Renversant ! !

— Ébouriffant ! !

— Pulvérisant ! !

— Fulminant ! !

— Il n'y a qu'elle pour en inventer de pareils.

— Et quelle danse !

— Oh oui ! Voilà qui est à la fois déchaîné, ondulé et serpenté. Il n'y a pas une bayadère pareille sous la calotte des cieux !

— Gobinet, rendez-moi tout de suite mon châle... vous me l'avez déjà assez abîmé en vous en faisant une ceinture autour de votre gros corps : je n'ai pas besoin de périr mes effets pour de gros êtres qui appellent les autres femmes des bayadères.

— Voyons, Céleste, calme ta fureur... je suis déguisé en Turc; en parlant de bayadères, je reste dans mon rôle ou à peu près.

— Ta Céleste est comme les autres, va,

Gobinet, elle est jalouse de la reine Bacchanal.

— Jalouse! moi? Ah! par exemple... Si je voulais être aussi effrontée qu'elle, on parlerait de moi tout autant... Après tout, qu'est-ce qui fait sa réputation? C'est qu'elle a un sobriquet.

— Quant à cela, tu n'as rien à lui envier... puisqu'on t'appelle Céleste!

— Vous savez bien, Gobinet, que Céleste est mon nom...

— Oui, mais il a l'air d'un sobriquet quand on te regarde.

— Gobinet, je mettrai encore ça sur votre mémoire...

— Et Oscar t'aidera à faire l'addition... n'est-ce pas?

— Certainement, et vous verrez le total... Je poserai l'un... et je retiendrai l'autre... et l'autre, ça ne sera pas vous.

— Céleste, vous me faites de la peine... je voulais vous dire que votre nom angélique est en bisbille avec votre ravissante petite mine bien autrement lutine que celle de la reine Bacchanal.

— C'est ça maintenant, câlinez-moi, scélérat.

— Je te jure sur la tête abhorrée de mon propriétaire que si tu voulais tu aurais autant d'aplomb que la reine Bacchanal, ce qui n'est pas peu dire !

— Le fait est que, pour avoir de l'aplomb, la Bacchanal en a... et un fier.

— Sans compter qu'elle fascine les municipaux.

— Et qu'elle magnétise les sergents de ville.

— Ils ont beau vouloir se fâcher... elle finit toujours par les faire rire...

— Et ils l'appellent tous : *Ma reine*.

— Cette nuit encore... elle a charmé un municipal, une vraie rosière, ou plutôt un vrai *rosier*, dont la pudeur s'était gendarmée (*gendarmée !* avant les glorieuses, ça aurait été un joli mot). Je disais donc que la pudeur d'un municipal s'était gendarmée pendant que la reine dansait son fameux pas de la *tulipe orageuse*.

— Quelle contredanse !! *Couche-tout-Nu* et

la *reine Bacchanal* ayant pour vis-à-vis *Rose-Pompon* et *Nini-Moulin !*

— Et tous quatre frétillant des tulipes de plus en plus orageuses.

— A propos, est-ce que c'est vrai ce qu'on dit de *Nini-Moulin?*

— Quoi donc?

— Que c'est un homme de lettres qui fait des brochures sur la religion?

— Oui, c'est vrai; je l'ai vu souvent chez mon patron, où il se fournit. Mauvais payeur... mais farceur!

— Et il fait le dévot?

— Je crois bien, quand il le faut; alors, c'est M. Dumoulin gros comme le bras, il roule des yeux, marche le cou de travers et les pieds en dedans... mais une fois qu'il a fait sa parade, il s'évapore dans les bals cancans qu'il idolâtre, et où les femmes l'ont surnommé *Nini-Moulin;* joignez à ce signalement qu'il boit comme un poisson, et vous connaîtrez le gaillard. Ce qui ne l'empêche pas d'écrire dans les journaux religieux; aussi les cagots, qu'il met encore plus souvent dedans qu'il ne s'y met lui-même, ne jurent que par lui. Faut voir ses articles ou ses brochures (seulement les voir... pas les lire); on y parle à chaque page du diable et de ses cornes... des fritures désolantes qui attendent les impies et les révolutionnaires... de l'autorité des évêques, du pouvoir du pape... Est-ce que je sais, moi?... Soiffard de *Nini-Moulin*... va... Il leur en donne pour leur argent...

— Le fait est qu'il est soiffard et crânement chicard... Quels avant-deux il bombardait avec la petite *Rose-Pompon* dans la contredanse de la tulipe orageuse!

— Et quelle bonne tête il avait avec son casque romain et ses bottes à revers!...

— *Rose-Pompon* danse joliment bien aussi; c'est poétiquement tortillé.

— Et idéalement cancanné!!

— Oui, mais la reine Bacchanale est à six mille pieds au-dessus du niveau du *cancan* ordinaire... J'en reviens toujours à son pas de cette nuit, la tulipe orageuse.

— C'était à l'adorer.

— A la vénérer...

— C'est-à-dire que si j'étais père de famille, je lui confierais l'éducation de mes fils!!

— C'est à propos de ce pas-là que le municipal s'est fâché d'un ton de rosière gendarmée.

— Le fait est que le pas était un peu roide.

— Roide et roidissime; aussi le municipal s'approche d'elle et lui dit :

« Ah! çà, voyons, ma Reine... est-ce que
» c'est pour tout de bon, ce pas-là? » —
« Mais non! guerrier pudique — répond la
» reine — je l'essaie seulement une fois tous
» les soirs afin de le bien danser dans ma
» vieillesse... c'est un vœu que j'ai fait pour
» que vous deveniez brigadier... »

— Quelle drôle de fille!

— Moi, je ne comprends pas que ça dure toujours avec Couche-tout-Nu.

— Parce qu'il a été ouvrier?

— Quelle bêtise!... Ça nous irait bien à nous autres étudiants ou garçons de magasin de faire les fiers!... Non, je m'étonne de la fidélité de la Reine...

— Le fait est que voilà trois ou quatre bons mois...

— Elle en est folle et il en est bête.

— Ça doit leur faire une drôle de conversation.

— Quelquefois je me demande où diable Couche-tout-Nu prend-il l'argent qu'il dépense... Il paraît que c'est lui qui a payé les frais de cette nuit, trois voitures à quatre chevaux et le réveille-matin pour vingt personnes à dix francs par tête.

— On dit qu'il a hérité... Aussi Nini-Moulin, qui flaire les festins et les bamboches, a fait connaissance avec lui cette nuit... sans compter qu'il doit avoir des vues malhonnêtes sur la Reine Bacchanal.

— Lui ! ah bien oui ! il est trop laid ; les femmes aiment à l'avoir pour danseur... parce qu'il fait pouffer de rire la galerie ; mais voilà tout. La petite *Rose-Pompon*, qui est si gentille, l'a pris comme chaperon peu compromettant en l'absence de son étudiant.

— Ah !... les voitures ! voilà les voitures ! — cria la foule tout d'une voix.

La Mayeux, forcée de rester auprès des masques, n'avait pas perdu un mot de cet entretien pénible pour elle, car il s'agissait de sa sœur, qu'elle ne voyait plus depuis long-temps; non que la reine Bacchanal eût mauvais cœur; mais le tableau de la profonde misère de la Mayeux, misère qu'elle avait partagée, mais qu'elle n'avait pas eu la force de supporter bien long-temps, causait à cette joyeuse fille des accès de tristesse amère; elle ne s'y exposait plus, ayant en vain voulu faire accepter à sa sœur des secours que celle-ci avait toujours refusés, sachant que leur source ne pouvait être honorable.

— Les voitures!... les voitures!

Cria de nouveau la foule en se portant en avant avec enthousiasme, de sorte que la Mayeux, sans le vouloir, se trouva portée au premier rang parmi les gens empressés de voir défiler cette mascarade.

C'était en effet un curieux spectacle.

Un homme à cheval, déguisé en postillon, veste bleue brodée d'argent, queue énorme, d'où s'échappaient des flots de poudre, chapeau orné de rubans immenses, précédait la première voiture, en faisant claquer son fouet, et criant à tue-tête :

— Place! place à la reine Bacchanal et à sa cour!...

Dans ce landau découvert, traîné par quatre chevaux étiques, montés par deux vieux postillons vêtus en diables, s'élevait une véritable pyramide d'hommes et de femmes, assis, debout, perchés, tous dans les costumes les plus fous, les plus grotesques, les plus excentriques : c'était un incroyable fouillis de couleurs éclatantes, de fleurs, de rubans, d'oripeaux et de paillettes. De ce monceau de formes et d'accoutrements bizarres sortaient des têtes grotesques ou gracieuses, laides ou jolies, mais toutes animées par l'excitation fébrile d'une folle ivresse; mais toutes tournées avec une expression d'admiration fanatique vers la seconde voiture, où la reine Bacchanal trônait en souveraine, pendant qu'on la saluait de ces cris répétés par la foule :

— Vive la reine Bacchanal!!

Cette seconde voiture, landau découvert comme la première, ne contenait que les quatre coryphées du fameux pas de la Tulipe orageuse, *Nini-Moulin*, *Rose-Pompon*, *Couche-tout-Nu* et la *reine Bacchanal*.

Dumoulin, cet écrivain religieux, qui voulait disputer madame de la Sainte-Colombe à l'influence des amis de M. Rodin, son patron; Dumoulin, surnommé Nini-Moulin, debout sur les coussins de devant, eût offert un magnifique sujet d'étude à Callot ou à Gavarni, Gavarni cet éminent artiste qui joint à la verve mordante et à la merveilleuse fantaisie de l'illustre caricaturiste, la grâce, la poésie et la profondeur d'Hogarth (1).

Nini-Moulin, âgé de trente-cinq ans environ, portait très en arrière de la tête un casque romain en papier d'argent; un plumeau à manche de bois rouge, surmonté d'une volumineuse touffe de plumes noires, était planté sur le côté de cette coiffure dont il

(1) Nous sommes heureux de pouvoir exprimer ici notre vive gratitude à M. Gavarni, qui, dans la magnifique illustration de notre œuvre, dont il s'occupe maintenant, déploie les étonnantes ressources de son rare et inépuisable talent; interpréter ainsi, c'est créer, et nous craignons sincèrement que nos types ne paraissent bien pâles près des siens, depuis que nous avons vu les merveilleux dessins des filles du général Simon, de Dagobert, de Rodin, de la Mayeux et d'Adrienne de Cardoville.

rompait agréablement les lignes peut-être trop classiques.

Sous ce casque s'épanouissait la face la plus rubiconde, la plus réjouissante, qui ait jamais été empourprée par les esprits subtils d'un vin généreux. Un nez très-saillant, mais dont la forme primitive se dissimulait modestement sous une luxuriante efflorescence de bourgeons irisés de rouge et de violet, accentuait très-drolatiquement cette figure absolument imberbe, à laquelle une large bouche à lèvres épaisses, et évasées en rebord, donnait une expression de jovialité surprenante, qui rayonnait dans ses gros yeux gris à fleur de tête.

En voyant ce joyeux bonhomme à panse de Silène, on se demandait comment il n'avait pas cent fois noyé dans le vin ce fiel, cette bile, ce venin dont dégouttaient ses pamphlets contre les ennemis de l'ultramontanisme, et comment ses croyances catholiques pouvaient surnager au milieu de ces débordements bachiques et chorégraphiques.

Cette question eût paru insoluble si l'on n'eût réfléchi que les comédiens chargés des rôles les plus noirs, les plus odieux, sont souvent, au demeurant, les meilleurs fils du monde.

Le froid étant assez vif, Nini-Moulin portait un carrik entr'ouvert qui laissait voir sa cuirasse à écailles de poisson et son maillot couleur de chair, tranché brusquement au-dessous du mollet par le revers jaune de ses bottes.

Penché en avant de la voiture, il poussait des cris de sauvage entrecoupés de ces mots: —Vive la reine Bacchanal! après quoi il faisait grincer et évoluer rapidement une énorme crécelle qu'il tenait à la main.

*Couche-tout-Nu*, debout à côté de Nini-Moulin, faisait flotter un étendard de soie blanche où étaient écrits ces mots: *Amour et joie à la reine Bacchanal.*

*Couche-tout-Nu* avait vingt-cinq ans environ. Sa figure, intelligente et gaie, encadrée d'un collier de favoris châtains, amaigrie par les veilles et par les excès, exprimait un singulier mélange d'insouciance, de hardiesse, de nonchaloir et de moquerie; mais aucune passion basse ou méchante n'y avait encore laissé sa fatale empreinte. C'était le type parfait du *Parisien*, dans le sens que l'on donne à cette appellation, soit à l'armée, soit en province, soit à bord des bâtiments de guerre ou de commerce. Ce n'est pas un compliment, et pourtant c'est bien loin d'être une injure ; c'est une épithète qui tient à la fois du blâme, de l'admiration et de la crainte ; car si, dans cette acception, le Parisien est souvent paresseux et insoumis, il est habile à l'œuvre, résolu dans le danger, et toujours terriblement railleur et goguenard.

Couche-tout-Nu était costumé, comme on le dit vulgairement, en *fort*: veste de velours noir à boutons d'argent, gilet écarlate, pantalon à larges raies bleues, châle façon cachemire pour ceinture, à longs bouts flottants, chapeau couvert de fleurs et de rubans. Ce déguisement seyait à merveille à sa tournure dégagée.

Au fond de la voiture, debout sur les coussins, se tenaient *Rose-Pompon* et la *reine Bacchanal*.

Rose-Pompon, ex-frangeuse de dix-sept ans, avait la plus gentille et la plus drôle de petite mine que l'on pût voir ; elle était coquettement vêtue d'un costume de débardeur ; sa perruque poudrée à blanc, sur laquelle était crânement posé de côté un bonnet de police orange et vert galonné d'argent, rendait encore plus vif l'éclat de ses yeux noirs et l'incarnat de ses joues potelées ; elle portait au cou une cravate orange comme sa ceinture flottante ; sa veste juste, ainsi que son étroit gilet en velours vert clair, garni de tresses d'argent, mettaient dans toute sa valeur une taille charmante dont la souplesse devait se prêter merveilleusement aux évolutions du pas de *la Tulipe orageuse*. Enfin son large pantalon, de même étoffe et de même couleur que la veste, était suffisamment indiscret.

La reine Bacchanal s'appuyait d'une main sur l'épaule de Rose Pompon qu'elle dominait de toute la tête.

La sœur de la Mayeux présidait véritablement en souveraine à cette folle ivresse, que sa seule présence semblait inspirer, tant son entrain, sa bruyante animation avaient d'influence sur son entourage.

C'était une grande fille de vingt ans environ, leste et bien tournée, aux traits réguliers, à l'air joyeux et tapageur; ainsi que sa sœur, elle avait de magnifiques cheveux châtains et de grands yeux bleus; mais au lieu d'être doux et timides comme ceux de la jeune ouvrière, ils brillaient d'une infatigable ardeur pour le plaisir. Telle était l'énergie de cette organisation vivace, que, malgré plusieurs nuits et plusieurs jours passés en fêtes continuelles, son teint était aussi pur, sa joue aussi rose, son épaule aussi fraîche, que si elle fût sortie le matin même de quelque paisible retraite.

Son déguisement, quoique bizarre et d'un caractère singulièrement saltimbanque, lui seyait pourtant à merveille. Il se composait d'une sorte de corsage juste en drap d'or et à longue taille, garni de grosses bouffettes de rubans incarnats qui flottaient sur ses bras nus, et d'une courte jupe aussi en velours incarnat, ornée de passequilles et de paillettes d'or, laquelle jupe ne descendait qu'à moitié d'une jambe à la fois fine et robuste, chaussée de bas de soie blancs et de brodequins rouges à talons de cuivre.

Jamais danseuse espagnole n'a eu taille plus hardiment cambrée, plus élastique et, pour ainsi dire, plus frétillante que cette singulière fille, qui semblait possédée du démon de la danse et du mouvement, car presqu'à chaque instant un gracieux petit balancement de la tête, accompagné d'une légère ondulation des épaules et des hanches, semblait suivre la cadence d'un orchestre invisible dont elle marquait la mesure du bout de son pied droit, posé sur le rebord de la portière de la façon la plus provocante, car la reine Bacchanale se tenait debout et fièrement campée sur les coussins de la voiture.

Une sorte de diadème doré, emblème de sa bruyante royauté, orné de grelots retentissants, ceignait son front ; ses cheveux, nattés en deux grosses tresses, s'arrondissaient autour de ses joues vermeilles et allaient se tordre derrière sa tête ; sa main gauche reposait sur l'épaule de la petite Rose-Pompon, et de sa main droite elle tenait un énorme bouquet dont elle saluait la foule en riant aux éclats.

Il serait difficile de rendre ce tableau si bruyant, si animé, si fou, complété par une troisième voiture, remplie comme la première d'une pyramide de masques grotesques et extravagants.

Parmi cette foule réjouie, une seule personne contemplait cette scène avec une tristesse profonde ; c'était la Mayeux, toujours maintenue au premier rang des spectateurs, malgré ses efforts pour sortir de la foule.

Séparée de sa sœur depuis bien long-temps, elle la revoyait pour la première fois dans toute la pompe de son singulier triomphe, au milieu des cris de joie, des bravos de ses compagnons de plaisir. Pourtant les yeux de la jeune ouvrière se voilèrent de larmes : quoique la reine Bacchanal parût partager l'étourdissante gaieté de ceux qui l'entouraient, quoique sa figure fût radieuse, quoiqu'elle parût jouir de tout l'éclat d'un luxe passager, elle la plaignit sincèrement... elle... pauvre malheureuse, presque vêtue de haillons, qui venait au point du jour chercher du travail pour la journée et pour la nuit...

La Mayeux avait oublié la foule pour contempler sa sœur, qu'elle aimait tendrement... d'autant plus tendrement qu'elle la croyait à plaindre... Les yeux fixés sur cette joyeuse et belle fille, sa pâle et douce figure exprimait une pitié touchante, un intérêt profond et douloureux...

Tout à coup, le brillant et gai coup d'œil que la reine Bacchanal promenait sur la foule rencontra le triste et humide regard de la Mayeux...

— Ma sœur!! — s'écria Céphyse. (Nous l'avons dit, c'était le nom de la reine Bacchanal.) — Ma sœur...

Et, leste comme une danseuse, d'un saut, la reine Bacchanal abandonna son trône ambulant, heureusement alors immobile, et se trouva devant la Mayeux, qu'elle embrassa avec effusion.

Tout ceci s'était passé si rapidement, que les compagnons de la reine Bacchanal, encore stupéfaits de la hardiesse de son saut périlleux, ne savaient à quoi l'attribuer ; les masques qui entouraient la Mayeux s'écartèrent frappés de surprise, et la Mayeux toute au bonheur d'embrasser sa sœur, à qui elle rendait ses caresses, ne songea pas au singulier contraste qui devait bientôt exciter l'étonnement et l'hilarité de la foule.

Céphyse y songea la première, et, voulant épargner une humiliation à sa sœur, elle se retourna vers la voiture et dit :

— Rose-Pompon, jette-moi mon manteau... et vous, Nini-Moulin, ouvrez vite la portière.

La reine Bacchanal reçut le manteau. Elle en enveloppa prestement la Mayeux, avant que celle-ci, stupéfaite, eût pu faire un mouvement ; la prenant par la main, elle lui dit :

— Viens... viens...

— Moi !.. — s'écria la Mayeux avec effroi, — tu n'y penses pas !..

— Il faut absolument que je te parle... je demanderai un cabinet... où nous serons seules... Dépêche-toi... bonne petite sœur... devant tout ce monde.... ne résiste pas.... viens...

La crainte de se donner en spectacle décida la Mayeux, qui d'ailleurs, tout étourdie de l'aventure, tremblante, effrayée, suivit presque machinalement sa sœur, qui l'entraîna dans la voiture, dont la portière venait d'être ouverte par Nini-Moulin.

Le manteau de la reine Bacchanal cachant les pauvres vêtements et l'infirmité de la Mayeux, la foule n'eut pas à rire, et s'étonna seulement de cette rencontre pendant que les voitures arrivaient à la porte du traiteur de la place du Châtelet.

## CHAPITRE II.

LES CONTRASTES.

Quelques minutes après la rencontre de la Mayeux et de la reine Bacchanal, les deux sœurs étaient réunies dans un cabinet de la maison du traiteur.

— Que je t'embrasse encore— dit Céphyse à la jeune ouvrière ; — au moins maintenant nous sommes seules... tu n'as plus peur ?...

Au mouvement que fit la reine Bacchanal pour serrer la Mayeux dans ses bras, le manteau qui l'enveloppait tomba.

A la vue de ces misérables vêtements qu'elle avait à peine eu le temps de remarquer sur la place du Châtelet, au milieu de la foule, Céphyse joignit les mains et ne put retenir une exclamation de douloureuse surprise. Puis, s'approchant de sa sœur pour la contempler de plus près, elle prit entre ses mains potelées les mains maigres et glacées de la Mayeux, et examina pendant quelques minutes, avec un chagrin croissant, cette malheureuse créature souffrante, pâle, amaigrie par les privations et par les veilles, à peine vêtue d'une mauvaise robe de toile usée, rapiécée...

— Ah ! ma sœur! te voir ainsi !

Et, ne pouvant prononcer un mot de plus, la reine Bacchanal se jeta au cou de la Mayeux en fondant en larmes.

Et au milieu de ses sanglots, elle ajouta :

— Pardon !... pardon !...

— Qu'as-tu, ma bonne Céphyse ?

Dit la jeune ouvrière, profondément émue, et se dégageant doucement des étreintes de sa sœur.

— Tu me demandes pardon... et de quoi ?

— De quoi ? — reprit Céphyse en relevant son visage inondé de larmes, et pourpre de confusion — n'est-il pas honteux à moi d'être vêtue de ces oripeaux, de dépenser tant d'argent en folies... lorsque tu es ainsi vêtue, lorsque tu manques de tout.. lorsque tu meurs peut-être de misère et de besoin ? car je n'ai jamais vu ta pauvre figure si pâle, si fatiguée...

— Rassure-toi, ma bonne sœur... je ne me porte pas mal... j'ai un peu veillé cette nuit... voilà pourquoi je suis pâle... mais... je t'en prie, ne pleure pas... tu me désoles...

La reine Bacchanal venait d'arriver radieuse au milieu d'une foule enivrée, et c'était la Mayeux qui la consolait...

Un incident vint encore rendre ce contraste plus frappant.

On entendit tout à coup des cris joyeux dans la salle voisine, et ces mots retentirent, prononcés avec enthousiasme :

— Vive la reine Bacchanal !... vive la reine Bacchanal !...

La Mayeux tressaillit, et ses yeux se remplirent de larmes en voyant sa sœur qui, le visage caché dans ses mains, semblait écrasée de honte.

—Céphyse—lui dit-elle—je t'en supplie... ne t'afflige pas ainsi,... tu me ferais regretter le bonheur de cette rencontre, et j'en suis si heureuse !... il y a si long-temps que je ne t'ai vue... Mais qu'as-tu? dis-le moi...

— Tu me méprises peut-être... et tu as raison — dit la reine Bacchanal en essuyant ses yeux.

— Te mépriser !... moi, mon Dieu... et pourquoi?

— Parce que je mène la vie que je mène... au lieu d'avoir comme toi le courage de supporter la misère...

La douleur de Céphyse était si navrante, que la Mayeux, toujours indulgente et bonne, voulut avant tout consoler sa sœur, la relever un peu à ses propres yeux, et lui dit tendrement :

— En la supportant bravement pendant une année, ainsi que tu l'as fait, ma bonne Céphyse, tu as eu plus de mérite et de courage que je n'en aurai, moi, à la supporter toute ma vie.

— Ah! ma sœur... ne dis pas cela.

— Voyons, franchement — reprit la Mayeux... — à quelles tentations une créature comme moi est-elle exposée? Est-ce que naturellement je ne recherche pas l'isolement et la solitude autant que tu recherches la vie bruyante et le plaisir? Quels besoins ai-je, chétive comme je suis? Bien peu me suffit...

— Et ce peu tu ne l'as pas toujours?...

— Non... mais il est des privations que moi, débile et maladive, je puis pourtant endurer mieux que toi;.. ainsi la faim me cause une sorte d'engourdissement... qui se termine par une grande faiblessse... Toi... robuste et vivace... la faim t'exaspère... te donne le délire!.. Hélas! tu t'en souviens?.. combien de fois je t'ai vue en proie à ces crises douloureuses... lorsque dans notre triste mansarde... en suite d'un chômage de travail... nous ne pouvions pas même gagner nos quatre francs par semaine, et que nous n'avions rien... absolument rien à manger... car notre fierté nous empêchait de nous adresser aux voisins?..

—Cette fierté-là, au moins tu l'as conservée, toi!

— Et toi aussi... n'as-tu pas lutté autant qu'il est donné à une créature humaine de lutter?.. Mais les forces ont un terme... Je te connais bien, Céphyse... c'est surtout devant la faim que tu as cédé... devant la faim et devant cette pénible obligation d'un travail acharné, qui ne te donnait pas même de quoi subvenir aux plus indispensables besoins...

— Mais toi... ces privations, tu les endurais, tu les endures encore.

— Est-ce que tu peux me comparer à toi? Tiens — dit la Mayeux en prenant sa sœur par la main et la conduisant devant une glace posée au-dessus d'un canapé — regarde-toi... crois-tu que Dieu, en te faisant si belle, en te douant d'un sang vif et ardent, d'un caractère joyeux, remuant, expansif, amoureux du plaisir, a voulu que ta jeunesse se passât au fond d'une mansarde glacée, sans jamais voir le soleil, clouée sur ta chaise, vêtue de haillons, et travaillant sans cesse et sans espoir? Non, car Dieu nous a donné d'autres besoins que ceux de boire et de manger. Même dans notre humble condition, la beauté n'a-t-elle pas besoin d'un peu de parure? La jeunesse n'a-t-elle pas besoin de mouvement, de plaisir et de gaieté? Tous les âges n'ont-ils pas besoin de distractions et de repos? Tu aurais gagné un salaire suffisant pour manger à ta faim, pour avoir un jour ou deux d'amusements par semaine, après un travail quotidien de douze ou quinze heures, pour te procurer la modeste et fraîche toilette que réclame si impérieusement ton charmant visage, tu n'aurais rien demandé de plus, j'en suis certaine, tu me l'as dit cent fois; tu as donc cédé à une nécessité irrésistible, parce que tes besoins sont plus grands que les miens.

— C'est vrai... — répondit la reine Bacchanal, d'un air pensif — si j'avais seulement trouvé à gagner quarante sous par jour... ma vie aurait été tout autre... car dans les commencements...vois-tu, ma sœur, j'étais cruellement humiliée de vivre aux dépens de quelqu'un...

— Aussi... as-tu été invinciblement entraînée, ma bonne Céphyse; sans cela je te blâmerais au lieu de te plaindre... Tu n'as pas choisi ta destinée, tu l'as subie... comme je subis la mienne...

— Pauvre sœur — dit Céphyse en embrassant tendrement la Mayeux — toi si malheureuse, tu m'encourages, tu me consoles... et ce serait à moi de te plaindre...

— Rassure-toi... — dit la Mayeux — Dieu est juste et bon : s'il m'a refusé bien des avantages, il m'a donné mes joies comme il t'a donné les tiennes.

— Tes joies ?

— Oui, et de grandes ;... sans elles... la vie me serait trop lourde... je n'aurais pas le courage de la supporter.

— Je te comprends — dit Céphyse avec émotion — tu trouves encore moyen de te dévouer pour les autres, et cela adoucit tes chagrins.

— Je fais du moins tout mon possible pour cela, quoique je puisse bien peu ; mais aussi quand je réussis — ajouta la Mayeux en souriant doucement — je suis heureuse et fière comme une pauvre petite fourmi qui, après bien des peines, a apporté un gros brin de paille au nid commun... mais ne parlons plus de moi...

— Si... parlons-en, je t'en prie, et au risque

de te fâcher — reprit timidement la reine Bacchanal — je vais te faire encore une proposition que tu as déjà repoussée... Jacques (1) a, je crois, encore de l'argent... nous le dépensions en folies... donnant çà et là à de pauvres gens quand l'occasion se rencontre... Je t'en supplie, laisse-moi venir à ton aide... je le vois à ta pauvre figure, tu as beau vouloir me le cacher, tu t'épuises à force de travail.

— Merci, ma chère Céphyse... je connais ton bon cœur; mais je n'ai besoin de rien... Le peu que je gagne me suffit.

— Tu me refuses... — dit tristement la reine Bacchanal — parce que tu sais que mes droits sur cet argent ne sont pas honorables... Soit... Je comprends ton scrupule... Mais, du moins, accepte un service de Jacques;... il a été ouvrier comme nous... Entre camarades... on s'aide... Je t'en supplie, accepte... ou je croirai que tu me dédaignes...

— Et moi, je croirai que tu me méprises si tu insistes, ma bonne Céphyse — dit la

---

(1) Nous rappellerons au lecteur que *Couche-tout-Nu* se nommait Jacques Rennepont, et faisait partie de la descendance de la sœur du Juif-Errant.

Mayeux d'un ton à la fois si ferme et si doux, que la reine Bacchanal vit que toute résistance serait inutile.

Elle baissa tristement la tête, et une larme roula de nouveau dans ses yeux.

— Mon refus t'afflige — dit la Mayeux en lui prenant la main; — j'en suis désolée, mais réfléchis... et tu me comprendras...

— Tu as raison — dit la reine Bacchanal avec amertume, après un moment de silence —tu ne peux pas accepter... de secours de mon amant... c'était t'outrager que de te le proposer... Il y a des positions si humiliantes, qu'elles souillent jusqu'au bien qu'on voudrait faire.

— Céphyse... je n'ai pas voulu te blesser... tu le sais bien.

— Oh! va, crois-moi — reprit la reine Bacchanal — si étourdie, si gaie que je sois, j'ai quelquefois... des moments de réflexion, même au milieu de mes joies les plus folles... et ces moments-là sont rares, heureusement.

— Et à quoi penses-tu, alors?

— Je pense que la vie que je mène n'est guère honnête; alors je veux demander à Jacques une petite somme d'argent, seulement de quoi assurer ma vie pendant un an;

alors je fais le projet d'aller te rejoindre et de me remettre peu à peu à travailler.

— Eh bien !.. cette idée est bonne... pourquoi ne la suis-tu pas ?

— Parce qu'au moment d'exécuter ce projet, je m'interroge sincèrement, et le courage me manque ; je le sens, jamais je ne pourrai reprendre l'habitude du travail, et renoncer à cette vie, tantôt riche comme aujourd'hui, tantôt précaire... mais au moins libre, oisive, joyeuse, insouciante, et toujours mille fois préférable à celle que je mènerais en gagnant quatre francs par semaine. Jamais, d'ailleurs, l'intérêt ne m'a guidée ; plusieurs fois j'ai refusé de quitter un amant qui n'avait pas grand'chose pour quelqu'un de riche que je n'aimais pas ; jamais je n'ai rien demandé pour moi. Jacques a peut-être dépensé dix mille francs depuis trois ou quatre mois, et nous n'avons que deux mauvaises chambres à peine meublées, car nous vivons toujours dehors, comme des oiseaux : heureusement, quand je l'ai aimé, il ne possédait rien du tout ; j'avais vendu pour cent francs quelques bijoux qu'on m'avait donnés, et mis cette somme à la loterie; comme les fous ont toujours du bonheur, j'ai gagné quatre mille francs. Jacques était aussi gai, aussi fou, aussi en train que moi, nous nous sommes dit : Nous nous aimons bien; tant que l'argent durera, nous irons; quand nous n'en aurons plus, de deux choses l'une, ou nous serons las l'un de l'autre, et alors nous nous dirons adieu, ou bien nous nous aimerons encore; alors, pour rester ensemble, nous essaierons de nous remettre au travail; si nous ne le pouvons pas, et que nous tenions toujours à ne pas nous séparer... un boisseau de charbon fera notre affaire.

— Grand Dieu ! — s'écria la Mayeux en pâlissant.

— Rassure-toi donc... nous n'avons pas à en venir là :... il nous restait encore quelque chose, lorsqu'un agent d'affaires, qui m'avait fait la cour, mais qui était si laid que ça m'empêchait de voir qu'il était riche, sachant que je vivais avec Jacques, m'a engagée à... Mais pourquoi t'ennuyer de ces détails ?... En deux mots, on a prêté de l'argent à Jacques sur quelque chose comme des droits assez douteux, dit-on, qu'il avait à une succession... C'est avec cet argent-là que nous nous amusons;... tant qu'il y en aura... ça ira...

— Mais, ma bonne Céphyse, au lieu de dépenser si follement cet argent, pourquoi ne pas le placer... et te marier avec Jacques... puisque tu l'aimes?

— Oh! d'abord, vois-tu — répondit en riant la reine Bacchanal, dont le caractère insouciant et gai reprenait le dessus — placer de l'argent, ça ne vous procure aucun agrément... on a pour tout amusement à regarder un petit morceau de papier qu'on vous donne en échange de ces belles petites pièces d'or avec lesquelles on a mille plaisirs... Quant à me marier, certainement j'aime Jacques comme je n'ai jamais aimé personne; pourtant il me semble que, si j'étais mariée avec lui, tout notre bonheur s'en irait; car enfin, comme mon amant, il n'a rien à me dire du passé; mais comme mon mari, il me le reprocherait tôt ou tard, et, si ma conduite mérite des reproches, j'aime mieux me les adresser moi-même, j'y mettrai des formes.

— A la bonne heure, folle que tu es... mais

cet argent ne durera pas toujours... après... comment ferez-vous?

— Après... ah! bah! après... c'est dans la lune... demain me paraît toujours devoir arriver dans cent ans;... s'il fallait se dire qu'on mourra un jour... ça ne serait pas la peine de vivre...

L'entretien de Céphyse et de la Mayeux fut de nouveau interrompu par un tapage effroyable que dominait le bruit aigu et perçant de la crécelle de Nini-Moulin; puis à ce tumulte succéda un chœur de cris inhumains au milieu duquel on distinguait ces mots qui firent trembler les vitres :

— La reine Bacchanal, la reine Bacchanal!!

La Mayeux tressaillit à ce bruit soudain.

— C'est encore ma cour qui s'impatiente — lui dit Céphyse en riant cette fois.

— Mon Dieu! — s'écria la Mayeux avec effroi — si on allait venir te chercher ici?...

— Non, non, rassure-toi.

— Mais si... entends-tu ces pas?... on marche dans le corridor... on approche... Oh! je t'en conjure, ma sœur, fais que je puisse m'en aller seule... sans être vue de tout ce monde.

Au moment où la porte s'ouvrait, Céphyse y courut.

Elle vit dans le corridor une députation à la tête de laquelle marchaient Nini-Moulin, armé de sa formidable crécelle, Rose-Pompon et Couche-tout-Nu.

— La reine Bacchanal! ou je m'empoisonne avec un verre d'eau ! — cria Nini-Moulin.

— La reine Bacchanal ! ou j'affiche mes bans à la mairie avec Nini-Moulin ! — cria la petite Rose-Pompon d'un air déterminé.

— La reine Bacchanal ! ou sa cour s'insurge et vient l'enlever ! — dit une autre voix.

— Oui, oui, enlevons-la — répéta un chœur formidable.

— Jacques... entre seul — dit la reine Bacchanal malgré ces sommations pressantes; puis s'adressant à sa cour d'un ton majestueux :

— Dans dix minutes, je suis à vous, et alors tempête infernale !

— Vive la reine Bacchanal ! cria Dumoulin en agitant sa crécelle et en se retirant, suivi de la députation, pendant que Couche-tout-Nu entrait seul dans le cabinet.

— Jacques, c'est ma bonne sœur — lui dit Céphyse.

— Enchanté de vous voir, mademoiselle — dit Jacques cordialement — et doublement enchanté, car vous allez me donner des nouvelles du camarade Agricol... Depuis que je joue au millionnaire, nous ne nous voyons plus, mais je l'aime toujours comme un bon et brave compagnon... Vous demeurez dans sa maison... Comment va-t-il?

— Hélas! monsieur,... il est arrivé bien des malheurs à lui et à sa famille... il est en prison.

— En prison! s'écria Céphyse.

— Agricol!... en prison!... lui! et pourquoi? — dit Couche-tout-Nu.

— Pour un délit politique qui n'a rien de grave. On avait espéré le faire mettre en liberté sous caution...

— Sans doute... pour 500 fr., je connais ça... — dit Couche-tout-Nu.

— Malheureusement cela a été impossible; la personne sur laquelle on comptait...

La reine Bacchanal interrompit la Mayeux, en disant à Couche-tout-Nu :

— Jacques... tu entends... Agricol... en prison, pour 500 fr.

— Pardieu ! je t'entends et je te comprends, tu n'as pas besoin de me faire de signes... Pauvre garçon, et il fait vivre sa mère.

— Hélas ! oui, monsieur, et c'est d'autant plus pénible que son père est arrivé de Russie, et que sa mère...

— Tenez, mademoiselle — dit Couche-tout-Nu en interrompant encore la Mayeux et lui donnant une bourse — prenez... tout est payé d'avance ici, voilà le restant de mon sac ; il y a là-dedans 25 ou 30 napoléons ; je ne peux pas mieux les finir qu'en m'en servant pour un camarade dans la peine. Donnez-les au père d'Agricol ; il fera les démarches nécessaires, et demain Agricol sera à sa forge..., où j'aime mieux qu'il soit que moi.

— Jacques, embrasse-moi tout de suite — dit la reine Bacchanal.

— Tout de suite, et encore, et toujours —

dit Jacques en embrassant joyeusement la reine.

La Mayeux hésita un moment; mais songeant qu'après tout cette somme, qui allait être follement dissipée, pouvait rendre la vie et l'espoir à la famille d'Agricol, songeant enfin que ces 500 fr. remis plus tard à Jacques lui seraient peut-être alors d'une utile ressource, la jeune fille accepta, et, les yeux humides, dit en prenant la bourse :

— Monsieur Jacques, j'accepte... vous êtes généreux et bon; le père d'Agricol aura du moins aujourd'hui cette consolation à de bien cruels chagrins... Merci, oh! merci.

— Il n'y a pas besoin de me remercier, mademoiselle... on a de l'argent, c'est pour les autres comme pour soi...

Les cris recommencèrent plus furieux que jamais, et la crécelle de Nini-Moulin grinça d'une façon déplorable.

— Céphyse... ils vont tout briser là-dedans si tu ne viens pas, et maintenant je n'ai plus de quoi payer la casse — dit Couche-tout-Nu. — Pardon, mademoiselle — ajouta-t-il en riant —

mais, vous le voyez, la royauté a ses devoirs...

Céphyse, émue, tendit les bras à la Mayeux, qui s'y jeta en pleurant de douces larmes.

— Et maintenant — dit-elle à sa sœur — quand te reverrai-je?

— Bientôt... quoique rien ne me fasse plus de peine que de te voir dans une misère que tu ne veux pas me permettre de soulager...

— Tu viendras? tu me le promets?

— C'est moi qui vous le promets pour elle — dit Jacques — nous irons vous voir, vous et votre voisin Agricol.

— Allons... retourne à la fête, Céphyse... amuse-toi de bon cœur... tu le peux... car M. Jacques va rendre une famille bien heureuse...

Ce disant, et après que Couche-tout-Nu se fut assuré qu'elle pouvait descendre sans être vue de ses joyeux et bruyants compagnons, la Mayeux descendit furtivement, bien empressée de porter au moins une bonne nouvelle à Dagobert; mais voulant auparavant se rendre rue de Babylone, au pavillon naguère occupé par Adrienne de Cardoville.

On saura plus tard la cause de la détermination de la Mayeux.

Au moment où la jeune fille sortait de chez le traiteur, trois hommes bourgeoisement et confortablement vêtus parlaient bas et paraissaient se consulter en regardant la maison du traiteur.

Bientôt un quatrième homme descendit précipitamment l'escalier du traiteur.

— Eh bien?

Dirent les trois autres avec anxiété.

— Il est là...

— Tu en es sûr?

— Est-ce qu'il y a deux Couche-tout-Nu sur la terre? — répondit l'autre; — je viens de le voir; il est déguisé en fort;... ils sont attablés pour trois heures au moins.

— Allons... attendez-moi là, vous autres... dissimulez-vous le plus possible... Je vas chercher le chef de file, et l'affaire est dans le sac.

Et, disant ces mots, l'un des hommes disparut en courant dans une rue qui aboutissait sur la place.

. . . . . . . . . . . . . . . . . . . . . .

A ce moment, la reine Bacchanal entrait

dans la salle du banquet, acompagnée de Couche-tout-Nu, et fut saluée par les acclamations les plus frénétiques.

— Maintenant — s'écria Céphyse avec une sorte d'entraînement fébrile et comme si elle eût cherché à s'étourdir — maintenant, mes amis, tempêtes, ouragans, bouleversements, déchaînements et autres tremblements... — Puis, tendant son verre à Nini-Moulin, elle dit : — A boire !

— Vive la Reine ! — cria-t-on tout d'une voix.

## CHAPITRE III.

LE RÉVEILLE-MATIN.

La reine Bacchanal ayant en face d'elle Couche-tout-Nu et Rose-Pompon, Nini-Moulin à sa droite, présidait au repas, dit *réveille-matin*, généreusement offert par Jacques à ses compagnons de plaisir.

Ces jeunes gens et ces jeunes filles semblaient avoir oublié les fatigues d'un bal commencé à onze heures du soir et terminé à six heures du matin; tous ces couples, aussi joyeux qu'amoureux et infatigables, riaient, mangeaient, buvaient, avec une ardeur juvénile et pantagruélique; aussi, pendant la première partie du repas, on *causa* peu, on n'entendit que le bruit du choc des verres et des assiettes.

La physionomie de la reine Bacchanal était moins joyeuse, mais beaucoup plus animée que de coutume; ses joues colorées, ses yeux brillants, annonçaient une surexcitation fébrile; elle voulait s'étourdir à tout prix; son entretien avec sa sœur lui revenait quelquefois à l'esprit; elle tâchait d'échapper à ces tristes souvenirs.

Jacques regardait Céphyse de temps à autre avec une adoration passionnée; car, grâce à la singulière conformité de caractère, d'esprit, de goûts qui existait entre lui et la reine Bacchanal, leur liaison avait des racines beaucoup plus profondes et plus solides que n'en ont d'ordinaire ces attachements éphémères basés sur le plaisir. Céphyse et Jacques ignoraient même toute la puissance d'un amour jusqu'alors environné de joies et de fêtes que nul événement sinistre n'avait encore contrarié.

La petite Rose-Pompon, veuve depuis quelques jours d'un étudiant qui, afin de pouvoir terminer dignement son carnaval, était retourné dans sa province pour soutirer quelque argent à sa famille sous un de ces fabuleux prétextes dont la tradition se conserve et se cultive soigneusement dans les écoles de droit et de médecine, Rose-Pompon, par un exemple de fidélité rare, et ne voulant pas se compromettre, avait choisi pour chaperon l'inoffensif Nini-Moulin.

Ce dernier, débarrassé de son casque, montrait une tête chauve entourée d'une bordure de cheveux noirs et crépus assez longs derrière la nuque. Par un phénomène bachique très-remarquable, à mesure que l'ivresse le gagnait, une sorte de zone empourprée comme sa face épanouie, gagnait peu à peu son front et envahissait la blancheur luisante de son crâne.

Rose-Pompon, connaissant la signification de ce symptôme, le fit remarquer à la *société*, et s'écria en riant aux éclats :

— Nini-Moulin, prends garde! la marée du vin monte drôlement!!

— Quand il en aura par-dessus la tête... il sera noyé! — ajouta la reine Bacchanal.

— Oh! reine! ne cherchez pas à me distraire... je médite...

Répondit Dumoulin qui commençait à être ivre, et qui tenait à la main, en guise de coupe antique, un bowl à punch rempli de vin, car il méprisait les verres ordinaires qu'il appelait dédaigneusement, en raison de leur médiocre capacité : des *gorgettes*.

— Il médite... — reprit Rose-Pompon — Nini-Moulin médite, attention...

— Il médite... il est donc malade!

— Qu'est-ce qu'il médite? un pas chicard?

— Une pose anacréontique et défendue?

— Oui, je médite — reprit gravement Dumoulin — je médite sur le vin en général et en particulier... le vin dont le divin Bossuet (Dumoulin avait l'énorme inconvénient de citer Bossuet lorsqu'il était ivre), le vin dont le divin Bossuet, qui était connaisseur, a dit :

— *Dans le vin est le courage, la force, la joie, l'ivresse spirituelle* (1)... (quand on a de l'esprit, bien entendu) — ajouta Nini-Moulin en manière de parenthèse.

(1) Bossuet, *Méditations sur l'Évangile*, vi<sup>e</sup> jour, t. iv.

— Alors j'adore ton Bossuet — dit Rose-Pompon.

— Quant à ma méditation particulière, elle porte sur la question de savoir si le vin des noces de Cana était rouge ou blanc... tantôt j'interroge le vin blanc, tantôt le rouge... tantôt tous les deux à la fois.

— C'est aller au fond de la question — dit Couche-tout-Nu.

— Et surtout au fond des bouteilles — dit la reine Bacchanal.

— Comme vous le dites, ô Majesté... et j'ai déjà fait, à force d'expériences et de recherches, une grande découverte, à savoir : que si le vin des noces de Cana était rouge...

— Il n'était pas blanc — dit judicieusement Rose-Pompon.

— Et si j'arrivais à la conviction qu'il n'était ni blanc ni rouge ? — demanda Dumoulin d'un air magistral.

— C'est que vous seriez gris, mon gros — répondit Couche-tout-Nu.

— L'époux de la reine dit vrai... Voilà ce qui arrive lorsqu'on est trop altéré de science ; mais c'est égal, d'études en études, sur cette question à laquelle j'ai voué ma vie, j'atteindrai la fin de ma respectable carrière, en donnant à ma soif une couleur suffisamment historique... théo...lo...gique et ar...chéo...lo...gique.

Il faut renoncer à peindre la réjouissante grimace et le non moins réjouissant accent avec lequel Dumoulin prononça et scanda ces derniers mots, qui provoquèrent une hilarité prolongée.

— Archéologipe... — dit Rose-Pompon — qu'est-ce que c'est que ça? ça a-t-il une queue? ça va-t-il sur l'eau?

— Laisse donc — reprit la reine Bacchanal — ce sont des mots de savant ou d'escamoteur, c'est comme les tournures en crinoline... ça bouffe... et voilà tout... J'aime mieux boire... versez, Nini-Moulin... du champagne. Rose-Pompon, à la santé de ton Philémon... à son retour...

— Buvons plutôt au succès de la carotte de longueur qu'il espère tirer à son embêtante et pingre famille pour finir son carnaval — dit Rose-Pompon — heureusement son plan de carotte n'est pas mauvais...

— Rose-Pompon! — sécria Nini-Moulin — si vous avez commis ce calembour avec ou sans intention, venez m'embrasser... ma fille.

— Merci!... et mon époux, qu'est-ce qu'il dirait?

— Rose-Pompon... je peux vous rassurer... Saint Paul... entendez-vous, l'apôtre saint Paul?..

— Eh bien! après... bon apôtre?

— Saint Paul a dit formellement que *ceux qui sont mariés doivent vivre comme s'ils n'avaient pas de femmes...*

— Qu'est-ce que ça me fait, à moi?.. ça regarde Philémon.

— Oui — reprit Nini-Moulin. — Mais le divin Bossuet, tout gobichonneur et chafriolant ce jour-là, ajoute, en citant saint Paul: *Et, par conséquent, les femmes mariées doivent vivre comme n'ayant pas de maris...* (1). Il ne me reste plus qu'à vous tendre d'autant plus les bras, ô Rose-Pompon! que Philémon n'est pas même votre époux...

(1) *Traité de la concupiscence*, vol. iv.

— Je ne dis pas; mais vous êtes trop laid!..

— C'est une raison... alors je bois à la santé du plan de Philémon!.. Faisons nos vœux pour qu'il lui produise une carotte monstre!..

— A la bonne heure — dit Rose-Pompon — à la santé de cet intéressant légume, si nécessaire à l'existence des étudiants!

— Et autres carottivores! — ajouta Dumoulin.

Ce toast, rempli d'à-propos, fut accueilli par d'unanimes acclamations.

— Avec la permission de Sa Majesté et de sa cour — reprit Dumoulin — je propose un toast à la réussite d'une chose qui m'intéresse et qui a quelque ressemblance analogique avec la carotte de Philémon... J'ai dans l'idée que ce toast me portera bonheur.

— Voyons la chose...

— Eh bien! à la santé de mon mariage — dit Dumoulin en se levant.

Ces mots provoquèrent une explosion de cris, d'éclats de rire, de trépignements formidables.

Nini-Moulin criait, trépignait, riait plus fort que les autres, ouvrant une bouche énorme, et ajoutant à ce tintamarre assourdissant le bruit aigu de sa crécelle qu'il reprit sous sa chaise où il l'avait déposée.

Lorsque cet ouragan fut un peu calmé, la reine Bacchanal se leva et dit :

— Je bois à la santé de la future madame *Nini-Mouline*.

— O reine ! vos procédés me touchent si sensiblement, que je vous laisse lire au fond de mon cœur le nom de mon épouse future — s'écria Dumoulin — elle se nomme madame veuve Honorée-Modeste-Messaline-Angèle de la Sainte-Colombe...

— Bravo... bravo...

— Elle a soixante ans, et plus de mille livres de rente qu'elle n'a de poils à sa moustache grise et de rides au visage ; son embonpoint est si imposant qu'une de ses robes pourrait servir de tente à l'honorable société ; aussi j'espère vous présenter ma future épouse le mardi-gras en costume de bergère qui vient de dévorer son troupeau ; on voulait la convertir, mais je me charge de la divertir, elle aimera mieux ça ; il faut donc que vous m'aidiez à la plonger dans les bouleversements les plus bachiques et les plus cancaniques.

— Nous la plongerons dans tout ce que vous voudrez.

— C'est le cancan en cheveux blancs !

Chantonna Rose-Pompon sur un air connu.

— Ça imposera aux sergents de ville.

— On leur dira : Respectez-la... votre mère aura peut-être un jour son âge.

— Tout à coup la reine Bacchanal se leva. Sa physionomie avait une singulière expression de joie amère et sardonique ; d'une main elle tenait son verre plein.

— On dit que le choléra approche avec ses bottes de sept lieues... s'écria-t-elle. — Je bois au choléra !

Et elle but.

Malgré la gaieté générale, ces mots firent une impression sinistre ; une sorte de frisson électrique parcourut l'assemblée ; presque tous les visages devinrent tout à coup sérieux.

— Ah ! Céphyse... dit Jacques d'un ton de reproche.

— Au choléra !.. reprit intrépidement la

reine Bacchanal — qu'il épargne ceux qui ont envie de vivre... et qu'il fasse mourir ensemble ceux qui ne veulent pas se quitter...

Jacques et Céphyse échangèrent rapidement un regard, qui échappa à leurs joyeux compagnons, et, pendant quelque temps, la reine Bacchanal resta muette et pensive.

— Ah! comme ça... c'est différent — reprit Rose-Pompon d'un air crâne — Au choléra!.. afin qu'il n'y ait plus que de bons enfants sur la terre.

Malgré cette variante, l'impression était toujours sourdement pénible. Dumoulin voulut couper court à ce triste sujet d'entretien, et s'écria :

— Au diable les morts! vivent les vivants! Et à propos de vivants et de bons vivants, je demanderai à porter une santé chère à notre joyeuse reine, la santé de notre amphitryon ; malheureusement j'ignore son respectable nom, puisque j'ai seulement l'avantage de le connaître depuis cette nuit ; il m'excusera donc si je me borne à porter la santé de Couche-tout-Nu, nom qui n'effarouche en rien ma pudeur, car Adam ne se couchait jamais autrement. Va donc pour Couche-tout-Nu.

— Merci, mon gros — dit gaiement Jacques ; — si j'oubliais votre nom, moi, je vous appellerais *Qui-Veut-Boire* ; et je suis bien sûr que vous répondriez : Présent !

— Présent,... présentissime — dit Dumoulin en faisant le salut militaire d'une main et tendant son bowl de l'autre.

— Du reste, quand on a trinqué ensemble — reprit cordialement Couche-tout-Nu — il faut se connaître à fond... Je me nomme Jacques Rennepont.

— Rennepont ! — s'écria Dumoulin en paraissant frappé de ce nom, malgré sa demi-ivresse — vous vous appelez Rennepont ?

— Tout ce qu'il y a de plus Rennepont... Ça vous étonne ?

— C'est qu'il y a une ancienne famille de ce nom... Les comtes de Rennepont.

— Ah bah ! vraiment ! — dit Couche-tout-Nu en riant.

— Les comtes de Rennepont, qui sont aussi ducs de Cardoville — ajouta Dumoulin.

— Ah çà ! voyons, mon gros, est-ce que je

vous fais l'effet de devoir le jour à une pareille famille,... moi, ouvrier en goguette et en gogaille?

— Vous!.. ouvrier? Ah çà, mais nous tombons dans les Mille et une Nuits! — s'écria Dumoulin, de plus en plus surpris; — vous nous payez un repas de Balthazar avec accompagnement de voitures à quatre chevaux. Et vous êtes ouvrier?... Dites-moi vite votre métier... j'en suis, et j'abandonne la vigne du Seigneur où je provigne tant bien que mal.

— Ah çà! n'allez pas croire, dites donc, que je suis ouvrier en billets de banque ou en monnaie *trompe-l'œil?* — dit Jacques en riant.

— Ah! camarade... une telle supposition...

— Est pardonnable à voir le train que je mène... Mais je vas vous rassurer... Je dépense un héritage.

— Vous mangez et vous buvez un oncle sans doute? — dit gracieusement Dumoulin.

— Ma foi... je n'en sais rien...

— Comment! vous ignorez l'espèce de ce que vous mangez?

— Figurez-vous d'abord que mon père était chiffonnier...

— Ah! diable... — dit Dumoulin, assez décontenancé quoiqu'il fût généralement peu scrupuleux sur le choix de ses compagnons de bouteille; mais, son premier étonnement passé, il reprit avec une aménité charmante :
— Mais il y a des chiffonniers... du plus haut mérite...

— Pardieu, vous croyez rire... — dit Jacques — et pourtant vous avez raison, mon père était un homme d'un fameux mérite, allez!! Il parlait grec et latin comme un vrai savant, et il me disait toujours que pour les mathématiques il n'avait pas son pareil... sans compter qu'il avait beaucoup voyagé...

— Mais alors — reprit Dumoulin que la surprise dégrisait — vous pourriez bien être de la famille des comtes de Rennepont.

— Dans ce cas-là — dit Rose-Pompon en riant — votre père *chiffonnait* en amateur, et pour l'honneur.

— Non! non! misère de Dieu! c'était bien pour vivre — reprit Jacques; mais dans sa jeunesse il avait été à son aise... A ce qu'il paraît, ou plutôt à ce qu'il ne paraissait plus dans son malheur, il s'était adressé à un parent riche qu'il avait; mais le parent riche lui avait dit : Merci! Alors il a voulu utiliser son grec, son latin et ses mathématiques. Impossible. Il paraît que dans ce temps-là Paris grouillait de savants. Alors, plutôt que de crever de faim... il a cherché son pain au bout de son crochet, et il l'y a, ma foi, trouvé; car j'en ai mangé pendant deux ans lorsque je suis venu vivre avec lui après la mort d'une tante avec qui j'habitais à la campagne.

— Votre respectable père était alors une manière de philosophe — dit Dumoulin ; — mais à moins qu'il n'ait trouvé un héritage au coin d'une borne... je ne vois pas trop venir l'héritage dont vous parlez.

— Attendez donc la fin de la chanson. A l'âge de douze ans je suis entré apprenti dans la fabrique de M. Tripeaud; deux ans après, mon père est mort d'accident, me laissant le mobilier de notre grenier : une paillasse, une chaise et une table; de plus, dans une mauvaise boîte à eau de Cologne, des papiers, à ce qu'il paraît, écrits en anglais, et une médaille de bronze qui, avec sa chaîne, pouvait bien valoir dix sous... Il ne m'avait jamais parlé de ces papiers. Ne sachant pas à quoi ils étaient bons, je les avais laissés au fond d'une vieille malle au lieu de les brûler ; bien m'en a pris, car, sur ces papiers-là, on m'a prêté de l'argent.

— Quel coup du ciel !—dit Dumoulin. — Ah çà, mais on savait donc que vous les aviez ?

— Oui, un de ces hommes qui sont à la piste des vieilles créances, est venu trouver Céphyse, qui m'en a parlé ; après avoir lu les papiers, l'homme m'a dit que l'affaire était douteuse, mais qu'il me prêterait dessus dix mille francs, si je voulais... Dix mille francs !.. c'était un trésor.... j'ai accepté tout de suite...

— Mais vous auriez dû penser que ces créances devaient avoir une assez grande valeur...

— Ma foi, non... puisque mon père, qui devait en savoir la valeur, n'en avait pas tiré parti... et puis, dix mille francs, en beaux et bons écus... qui vous tombent on ne sait d'où... ça se prend toujours, et tout de suite...

et j'ai pris... Seulement, l'agent d'affaires m'a fait signer une lettre de change de... de garantie... oui, c'est ça, de garantie.

— Vous l'avez signée?

— Qu'est-ce que ça me faisait?.. c'était une pure formalité, m'a dit l'homme d'affaires; et il disait vrai, puisqu'elle est échue il y a une quinzaine de jours et que je n'en ai pas entendu parler... Il me reste encore un millier de francs chez l'agent d'affaires, que j'ai pris pour caissier, vu qu'il avait la caisse... Et voilà, mon gros, comment je ribotte à mort du matin au soir, depuis mes dix mille francs, joyeux comme un pinson d'avoir quitté mon gueux de bourgeois, M. Tripeaud.

En prononçant ce nom, la physionomie de Jacques, jusqu'alors joyeuse, s'assombrit tout à coup.

Céphyse, qui n'était plus sous l'impression pénible qui l'avait un moment absorbée, regarda Jacques avec inquiétude, car elle savait à quel point le nom de Tripeaud l'irritait.

— M. Tripeaud — reprit Couche-tout-Nu — en voilà un qui rendrait les bons méchants, et les méchants pires... On dit bon cavalier.. bon cheval; on devrait dire bon maître, bon ouvrier... Misère de Dieu ! quand je pense à cet homme-là !...

Et Couche-tout-Nu frappa violemment du poing sur la table.

— Voyons, Jacques, pense à autre chose — dit la reine Bacchanal — Rose-Pompon... fais-le donc rire...

— Je n'en ai plus envie, de rire — répondit Jacques d'un ton brusque et encore animé par l'exaltation du vin — c'est plus fort que moi; quand je pense à cet homme-là... je m'exaspère ! fallait l'entendre : gredins d'ouvriers... canailles d'ouvriers ! *ils crient qu'ils n'ont pas de pain dans le ventre* — disait M. Tripeaud — *eh bien ! on leur y mettra des baïonnettes...* (1) ça les calmera... Et les enfants... dans sa fabrique... fallait les voir... pauvres petits... travaillant aussi long-temps que des hommes... s'exténuant et crevant à la douzaine... Mais, bah ! après tout, ceux-là morts, il en venait toujours bien d'autres... Ce n'est

(1) Ce mot atroce a été dit lors des malheureux événements de Lyon.

pas comme des chevaux qu'on ne peut remplacer qu'en payant.

— Allons, décidément, vous n'aimez pas votre ancien patron — dit Dumoulin de plus en plus surpris de l'air sombre et soucieux de son amphitryon, et regrettant que la conversation eut prix ce tour sérieux; aussi dit-il quelques mots à l'oreille de la reine Bacchanal, qui lui répondit par un signe d'intelligence.

— Non... je n'aime pas M. Tripeaud — reprit Couche-tout-Nu — je le hais, savez-vous pourquoi? c'est de sa faute autant que de la mienne si je suis devenu un bambocheur; je ne dis pas ça pour me vanter, mais c'est vrai;... étant gamin et apprenti chez lui, j'étais tout cœur, tout ardeur et si enragé pour l'ouvrage que j'ôtais ma chemise pour travailler; c'est même à propos de ça qu'on m'a baptisé *Couche-tout-Nu*... Eh bien! j'avais beau me tuer, m'éreinter... jamais un mot pour m'encourager; j'arrivais le premier à l'atelier, j'en sortais le dernier... rien; on ne s'en apercevait seulement pas... un jour je suis blessé sur la mécanique... on me porte à l'hôpital... j'en sors... tout faible encore; c'est égal, je reprends mon travail... Je ne me rebutais pas;... les autres, qui savaient de quoi il retournait et qui connaissaient le patron, avaient beau me dire : Est-il serin de s'échiner ainsi, ce petit-là !... qu'est-ce qu'il en retirera ?... Mais fais-donc ton ouvrage tout juste, imbécile, il n'en sera ni plus ni moins. C'est égal, j'allais toujours; enfin un jour, un vieux brave homme, qu'on appelait le père Arsène, il travaillait depuis long-temps dans la maison, et c'était un modèle de bonne conduite; un jour donc, le père Arsène est mis à la porte, parce que ses forces diminuaient trop. C'était pour lui le coup de la mort; il avait une femme infirme, et à son âge, faible comme il était, il ne pouvait se placer ailleurs... Quand le chef d'atelier lui apprend son renvoi, le pauvre bonhomme ne pouvait pas le croire; il se met à pleurer de désespoir. En ce moment, M. Tripeaud passe... le père Arsène le supplie à mains jointes de le garder à moitié prix. — Ah çà ! lui dit M. Tripeaud en levant les épaules, est-ce que tu crois que je vais faire de ma fabrique une maison d'invalides ? Tu ne peux plus travailler, va-t'en. — Mais j'ai travaillé pendant quarante ans de ma vie, qu'est-ce que vous voulez que je devienne? mon Dieu! disait le pauvre père Arsène. — Est-ce que ça me regarde, moi? lui répond M. Tripeaud, et, s'adressant à son commis : — Faites le décompte de sa semaine et qu'il file. — Le père Arsène a filé; — oui... il a filé... mais le soir, lui et sa vieille femme se sont asphyxiés. Or, voyez-vous, j'étais gamin; mais l'histoire du père Arsène m'a appris une chose, c'est qu'on avait beau se crever de travail, ça ne profitait jamais qu'aux bourgeois, qu'ils ne vous en savaient seulement pas gré, et qu'on n'avait en perspective pour ses vieux jours que le coin d'une borne pour y crever. Alors, tout mon beau feu s'est teint, je me suis dit : Qu'est-ce qu'il m'en reviendra de faire plus que je ne dois? Est-ce que quand mon travail rapporte des monceaux d'or à M. Tripeaud, j'en ai seulement un atome? Aussi, comme je n'avais aucun avantage d'amour-propre ou d'intérêt à travailler, j'ai pris le travail en dégoût, j'ai fait tout juste ce qu'il fallait pour gagner ma paye; je suis devenu flâneur, paresseux, bambocheur, et je me disais : Quand ça m'ennuiera par trop de travailler, je ferai comme le père Arsène et sa femme...

Pendant que Jacques se laissait emporter malgré lui à ces pensées amères, les autres convives, avertis par la pantomime expressive de Dumoulin et de la reine Bacchanal, s'étaient tacitement concertés; aussi, à un signe de la reine Bacchanal qui sauta sur la table, renversant du pied les bouteilles et les verres, tous se levèrent en criant avec accompagnement de la crécelle de Nini-Moulin.

— La Tulipe orageuse... on demande le quadrille de la Tulipe orageuse.

A ces cris joyeux, qui éclatèrent comme une bombe, Jacques tressaillit; puis, après avoir regardé ses convives avec étonnement, il passa la main sur son front comme pour chasser les idées pénibles qui le dominaient, et cria :

— Vous avez raison. En avant-deux et vive la joie !

En un moment la table, enlevée par des bras vigoureux, fut reléguée à l'extrémité de la grande salle du banquet; les spectateurs s'entassèrent sur des chaises, sur des banquettes, sur le rebord des fenêtres, et, chantant en chœur l'air si connu des *Étudiants*, remplacèrent l'orchestre, afin d'accompagner la contredanse formée par Couche-tout-Nu, la reine Bacchanal, Nini-Moulin et Rose-Pompon.

Dumoulin, confiant sa crécelle à un des convives, reprit son exorbitant casque romain à plumeau; il avait mis bas son carrick au commencement du festin; il apparaissait donc dans toute la splendeur de son déguisement. Sa cuirasse à écailles se terminait congrûment par une jaquette de plumes semblable à celle que portent les sauvages de l'escorte du bœuf-gras. Nini-Moulin avait le ventre gros et les jambes grêles, aussi ses tibia flottaient à l'aventure dans l'évasement de ses larges bottes à revers.

La petite Rose-Pompon, son bonnet de police de travers, les deux mains dans les poches de son pantalon, le buste un peu penché en avant et ondulant de droite à gauche sur ses hanches, fit en avant-deux avec Nini-Moulin; celui-ci, ramassé sur lui-même, s'avançait par soubresauts, la jambe gauche repliée, la jambe droite lancée en avant, la pointe du pied en l'air et le talon glissant sur le plancher; de plus, il frappait sa nuque de sa main gauche, tandis que, par un mouvement simultané, il étendait vivement son bras droit comme s'il eût voulu *jeter de la poudre aux yeux* de ses vis-à-vis.

Ce départ eut le plus grand succès, on l'applaudissait bruyamment, quoiqu'il ne fût que l'innocent prélude du pas de *la Tulipe-Orageuse*, lorsque tout à coup la porte s'ouvrit; un des garçons ayant un instant cherché Couche-tout-Nu des yeux, courut à lui et lui dit quelques mots à l'oreille.

— Moi! — s'écria Jacques en riant aux éclats — quelle farce!

Le garçon ayant ajouté quelques mots, la figure de Couche-tout-Nu exprima tout à coup une assez vive inquiétude, et il répondit au garçon:

— A la bonne heure!... j'y vais.

Et il fit quelques pas vers la porte.

— Qu'est-ce qu'il y a donc, Jacques?

Demanda la reine Bacchanal avec surprise.

— Je reviens tout de suite... quelqu'un va me remplacer; dansez toujours — dit Couche-tout-Nu.

Et il sortit précipitamment.

— C'est quelque chose qui n'aura pas été porté sur la carte — dit Dumoulin — il va revenir.

— C'est cela... — dit Céphyse — maintenant le cavalier seul, dit-elle au remplaçant de Jacques. Et la contredanse continua.

Nini-Moulin venait de prendre Rose-Pompon de la main droite et la reine Bacchanal de la main gauche, afin de balancer entre elles deux, figure dans laquelle il était étourdissant de bouffonnerie, lorsque la porte s'ouvrit de nouveau, et le garçon que Jacques avait suivi s'approcha vivement de Céphyse d'un air consterné, et lui parla à l'oreille, ainsi qu'il avait parlé à Couche-tout-Nu.

La reine Bacchanal devint pâle, poussa un cri perçant, se précipita vers la porte et sortit en courant sans prononcer une parole, laissant ses convives stupéfaits.

## CHAPITRE IV.

LES ADIEUX.

La reine Bacchanal, suivant le garçon du traiteur, arriva au bas de l'escalier.

Un fiacre était à la porte.

Dans ce fiacre elle vit Couche-tout-Nu avec un des hommes qui, deux heures auparavant, stationnaient sur la place du Châtelet.

A l'arrivée de Céphyse, l'homme descendit et dit à Jacques en tirant sa montre :

— Je vous donne un quart d'heure... c'est tout ce que je peux faire pour vous, mon brave garçon;... après cela... en route... N'essayez pas de nous échapper, nous veillerons aux portières tant que le fiacre restera là.

D'un bond Céphyse fut dans la voiture.

Trop émue pour avoir parlé jusque-là, elle s'écria, en s'asseyant à côté de Jacques et en remarquant sa pâleur :

— Qu'y a-t-il? que te veut-on?

— On m'arrête pour dettes...

Dit Jacques d'une voix sombre.

— Toi?

S'écria Céphyse avec un cri déchirant.

— Oui, pour cette lettre de change de garantie que l'agent d'affaires m'a fait signer... et il disait que c'était seulement une formalité... Brigand!!

— Mais, mon Dieu, tu as de l'argent chez lui... qu'il prenne toujours cela en à-compte.

— Il ne me reste pas un sou; il m'a fait dire par les recors qu'il ne me donnerait pas les derniers mille francs, puisque je n'avais pas payé la lettre de change...

— Alors, courons chez lui le prier, le supplier de te laisser en liberté; c'est lui qui est venu te proposer de te prêter cet argent; je le sais bien, puisque c'est à moi qu'il s'est d'abord adressé. Il aura pitié.

— De la pitié... un agent d'affaires... allons donc...

— Ainsi rien... plus rien... — s'écria Céphyse en joignant les mains avec angoisse.

Puis elle reprit :

— Mais il doit y avoir quelque chose à faire... Il t'avait promis...

— Ses promesses, tu vois comme il les tient — reprit Jacques avec amertume; — j'ai signé sans savoir seulement ce que je signais; l'échéance est passée, il est en règle... Il ne me servirait de rien de résister, on vient de m'expliquer tout cela...

— Mais on ne peut te retenir long-temps en prison! C'est impossible.

— Cinq ans... si je ne paye pas... Et comme je ne pourrai jamais payer, mon affaire est sûre...

— Ah! quel malheur! quel malheur! et ne pouvoir rien!!

Dit Céphyse en cachant sa tête entre ses mains.

— Écoute, Céphyse — reprit Jacques d'une voix douloureusement émue — depuis que je suis là je ne pense qu'à une chose... à ce que tu vas devenir.

— Ne t'inquiète pas de moi...

— Que je ne m'inquiète pas de toi! mais tu es folle... Comment feras-tu? Le mobilier de nos deux chambres ne vaut pas deux cents francs. Nous dépensions si follement que nous n'avons pas seulement payé notre loyer. Nous devons trois termes... il ne faut donc pas compter sur la vente de nos meubles... je te laisse sans un sou. Au moins, moi, en prison, on me nourrit... mais toi... comment vivras-tu?

— A quoi bon te chagriner d'avance?

— Je te demande comment tu vivras demain? — s'écria Jacques.

— Je vendrai mon costume, quelques effets, je t'enverrai la moitié de l'argent, je garderai le reste; ça me fera quelques jours.

— Et après? après?

— Après?... dame... alors... je ne sais pas, moi, mon Dieu, que veux-tu que je te dise?... après, je verrai...

— Écoute, Céphyse — reprit Jacques avec une amertume navrante — c'est maintenant... que je vois comme je t'aime... j'ai le cœur serré comme dans un étau en pensant que je vas te quitter... ça me donne le frisson de ne pas savoir ce que tu deviendras... — Puis, passant la main sur son front, Jacques ajouta :

— Vois-tu?... ce qui nous a perdus, c'est de nous dire toujours : Demain n'arrivera pas; et tu le vois, demain arrive. Une fois que je ne serai plus près de toi, une fois que tu auras dépensé le dernier sou de ces hardes que tu vas vendre... incapable de travailler comme tu l'es maintenant... que feras-tu?... veux-tu que je te le dise, moi... ce que tu feras? tu m'oublieras et...

Puis, comme s'il eût reculé devant sa pensée, Jacques s'écria avec rage et désespoir :

— Misère de Dieu! si cela devait arriver je me briserais la tête sur un pavé!

Céphyse devina la réticence de Jacques; elle lui dit vivement en se jetant à son cou :

— Moi? un autre amant... jamais!! car je suis comme toi, maintenant je vois combien je t'aime.

— Mais pour vivre?.. ma pauvre Céphyse! pour vivre?

— Eh bien!... j'aurai du courage, j'irai habiter avec ma sœur comme autrefois... je travaillerai avec elle; ça me donnera toujours du pain... Je ne sortirai que pour aller te voir... D'ici à quelques jours, l'homme d'affaires, en réfléchissant, pensera que tu ne peux pas lui payer dix mille francs, et il te fera remettre en liberté; j'aurai repris l'habitude du travail... tu verras!... tu reprendras aussi cette habitude; nous vivrons pauvres, mais tranquilles;... après tout, nous nous serons au moins bien amusés pendant six mois... tandis que tant d'autres n'ont de leur vie connu le plaisir; crois-moi, mon bon Jacques, ce que je te dis est vrai... Cette leçon me profitera. Si tu m'aimes, n'aie pas la moindre inquiétude; je te dis que j'aimerais cent fois mieux mourir que d'avoir un autre amant.

— Embrasse-moi...— dit Jacques les yeux humides— je te crois... je te crois... tu me redonnes du courage... et pour maintenant, et pour plus tard;... tu as raison, il faut tâcher de nous remettre au travail, ou sinon... le boisseau de charbon du père Arsène... car vois-tu — ajouta Jacques d'une voix basse et en frémissant — depuis six mois... j'étais comme ivre; maintenant je me dégrise... et je vois où nous allions... Une fois à bout de ressources je serais peut-être devenu un voleur, et toi... une...

— Oh! Jacques, tu me fais peur, ne dis pas cela — s'écria Céphyse en interrompant Couche-tout-Nu — je te le jure, je retournerai chez ma sœur, je travaillerai... j'aurai du courage...

La reine Bacchanal en ce moment était très-sincère; elle voulait résolument tenir sa parole; son cœur n'était pas encore complétement perverti; la misère, le besoin avaient été pour elle comme pour tant d'autres la cause et même l'excuse de son égarement; jusqu'alors elle avait du moins toujours suivi l'attrait de son cœur, sans aucune arrière-pensée basse et vénale; la cruelle position où elle voyait Jacques exaltait encore son amour; elle se croyait assez sûre d'elle-même pour lui jurer d'aller reprendre auprès de la Mayeux cette vie de labeur aride et incessant, cette vie de douloureuses privations qu'il lui avait été déjà impossible de supporter et qui devait lui être bien plus pénible encore depuis qu'elle s'était habituée à une vie oisive et dissipée.

Néanmoins les assurances qu'elle venait de donner à Jacques calmèrent un peu le chagrin et les inquiétudes de cet homme ; il avait assez d'intelligence et de cœur pour s'apercevoir que la pente fatale où il s'était jusqu'alors laissé aveuglément entraîner le conduisait, lui et Céphyse, droit à l'infamie.

Un des recors ayant frappé à la portière dit à Jacques :

— Mon garçon, il ne vous reste que cinq minutes, dépêchez-vous.

— Allons, ma fille... du courage — dit Jacques...

— Sois tranquille... j'en aurai... tu peux y compter...

— Tu ne vas pas remonter là-haut ?

— Non, oh, non ! — dit Céphyse. — Cette fête, je l'ai en horreur maintenant.

— Tout est payé d'avance... je vais faire dire à un garçon de prévenir qu'on ne nous attende pas — reprit Jacques. — Ils vont être bien étonnés, mais c'est égal...

— Si tu pouvais seulement m'accompagner... jusqu'à chez nous — dit Céphyse — cet homme le permettrait peut-être, car enfin tu ne peux pas aller à Sainte-Pélagie habillé comme ça.

— C'est vrai, il ne te refusera pas de m'accompagner ; mais comme il sera avec nous dans la voiture, nous ne pourrons plus rien nous dire devant lui... Aussi... laisse-moi pour la première fois de ma vie te parler raison. Souviens-toi bien de ce que je te dis, ma bonne Céphyse... ça peut d'ailleurs s'adresser à moi comme à toi — reprit Jacques d'un ton grave et pénétré — reprends aujourd'hui l'habitude du travail... Il a beau être pénible, ingrat, c'est égal... n'hésite pas, car tu oublierais bientôt l'effet de cette leçon ; comme tu dis, plus tard il ne serait plus temps, et alors tu finirais comme tant d'autres pauvres malheureuses... tu m'entends...

— Je t'entends... — dit Céphyse en rougissant ; — mais j'aimerais mieux cent fois la mort qu'une telle vie...

— Et tu aurais raison... car dans ce cas-là, vois-tu — ajouta Jacques d'une voix sourde et concentrée — je t'y aiderais... à mourir.

— J'y compte bien, Jacques....

Répondit Céphyse en embrassant son

amant avec exaltation; puis elle ajouta tristement :

— Vois-tu, c'était comme un pressentiment, lorsque tout à l'heure, je me suis sentie toute chagrine, sans savoir pourquoi, au milieu de notre gaieté... et que je buvais au choléra... pour qu'il nous fasse mourir ensemble...

— Eh bien !... qui sait s'il ne viendra pas, le choléra? — reprit Jacques d'un air sombre — ça nous épargnerait le charbon, nous n'aurons seulement pas peut-être de quoi en acheter...

— Je ne peux te dire qu'une chose, Jacques, c'est que pour vivre et pour mourir ensemble tu me trouveras toujours.

— Allons, essuie tes yeux — reprit-il avec une profonde émotion. — Ne faisons pas d'enfantillages devant ces hommes.

. . . . . . . . . . . . . . . . .

Quelques minutes après, le fiacre se dirigeait vers le logis de Jacques, où il devait changer de vêtements avant de se rendre à la prison pour dettes.

. . . . . . . . . . . . . . . . .

Répétons-le, à propos de la sœur de la Mayeux (il est des choses qu'on ne saurait trop redire):

L'une des plus funestes conséquences de l'*inorganisation* du travail est l'insuffisance des salaires.

L'insuffisance du salaire force inévitablement le plus grand nombre des jeunes filles ainsi mal rétribuées à chercher le moyen de vivre en formant des liaisons qui les dépravent.

Tantôt elles reçoivent une modique somme de leur amant, qui, jointe au produit de leur labeur, aide à leur existence.

Tantôt, comme la sœur de la Mayeux, elles abandonnent complétement le travail et font vie commune avec l'homme qu'elles choisissent, lorsque celui-ci peut suffire à cette dépense; alors, et durant ce temps de plaisir et de fainéantise, la lèpre incurable de l'oisiveté envahit à tout jamais ces malheureuses.

Ceci est la première phase de la dégradation que la coupable insouciance de la société impose à un nombre immense d'ouvrières, nées pourtant avec des instincts de pudeur, de droiture et d'honnêteté.

Au bout d'un certain temps, leur amant les délaisse quelquefois lorsqu'elles sont mères.

D'autres fois, une folle prodigalité conduit l'imprévoyant en prison; alors la jeune fille se trouve seule, abandonnée, sans moyens d'existence.

Celles qui ont conservé du cœur et de l'énergie se remettent au travail... le nombre en est bien rare.

Les autres... poussées par la misère, par l'habitude d'une vie facile et oisive, tombent alors jusqu'aux derniers degrés de l'abjection.

Et il faut encore plus les plaindre que les blâmer de cette abjection, car la cause première et virtuelle de leur chute était *l'insuffisante rémunération de leur travail ou le chômage* (1).

(1) Nous lisons dans un excellent mémoire, rempli de vues pratiques, et dicté par un esprit charitable et élevé ( *Ligue nationale contre la misère des travailleurs*, ou *Mémoire explicatif d'une pétition à présenter à la chambre des députés*, par J. Terson), nous lisons ces lignes malheureusement trop vraies : « Nous ne parlons pas des ouvrières pla-
» cées dans la même alternative. Ce que nous aurions à dire
» serait trop pénible à entendre... Nous ferons seulement
» remarquer que c'est aux époques des plus longs chômages

Une autre déplorable conséquence de l'*in-organisation* du travail est, pour les hommes, outre l'insuffisance du salaire, le profond dégoût qu'ils apportent presque toujours dans la tâche qui leur est imposée.

Cela se conçoit.

Sait-on leur rendre le travail attrayant, soit par la variété des occupations, soit par des récompenses honorifiques, soit par des soins, soit par une rémunération proportionnée aux bénéfices que leur main-d'œuvre procure, soit enfin par l'espérance d'une retraite assurée après de longues années de labeur ?

Non, le pays ne s'inquiète ni ne se soucie de leurs besoins ou de leurs droits.

Et pourtant il y a, pour ne citer qu'une industrie, des mécaniciens et des ouvriers dans les usines qui, exposés à l'explosion de la vapeur et au contact de formidables engrenages, courent chaque jour de plus grands dangers que les soldats n'en courent à la guerre, déploient un savoir pratique rare,

» que les missionnaires de la prostitution recrutent leurs
» prosélytes parmi les plus belles filles du peuple. »

rendent à l'industrie, et conséquemment au pays, d'incontestables services pendant une longue et honorable carrière, à moins qu'ils ne périssent par l'explosion d'une chaudière ou qu'ils n'aient quelque membre broyé entre les dents de fer d'une machine.

Dans ce dernier cas, le travailleur reçoit-il au moins une récompense égale à celle que reçoit le soldat pour prix de son courage, louable sans doute, mais stérile : — une place dans une maison d'invalides ?

Non...

Qu'importe au pays ? et si le maître du travailleur est ingrat, le mutilé, incapable de service, meurt de faim dans quelque coin.

Enfin, dans ces fêtes pompeuses de l'industrie, convoque-t-on jamais quelques-uns de ces habiles travailleurs qui seuls ont tissé ces admirables étoffes, forgé et damasquiné ces armes éclatantes, ciselé ces coupes d'or et d'argent, sculpté ces meubles d'ébène et d'ivoire, monté ces éblouissantes pierreries avec un art exquis ?

Non...

Retirés au fond de leur mansarde, au milieu

d'une famille misérable et affamée, ils vivent à peine d'un mince salaire, ceux-là qui, cependant, on l'avouera, ont au moins concouru *pour moitié* à doter le pays de ces merveilles qui font sa richesse, sa gloire et son orgueil.

Un ministre du commerce qui aurait la moindre intelligence de ses hautes fonctions et de ses DEVOIRS, ne demanderait-il pas que chaque fabrique exposante *choisît par une élection à plusieurs degrés un certain nombre de candidats des plus méritants, parmi lesquels le fabricant désignerait celui qui lui semblerait le plus digne de représenter la* CLASSE OUVRIÈRE, *dans ces grandes solennités industrielles ?*

Ne serait-il pas d'un noble et encourageant exemple de voir alors le maître proposer aux récompenses ou aux distinctions publiques l'ouvrier député par ses pairs comme l'un des plus honnêtes, des plus laborieux, des plus intelligents de sa profession?

Alors une désespérante injustice disparaîtrait, alors les vertus du travailleur seraient stimulées par un but généreux, élevé; alors *il aurait intérêt à bien faire.*

Sans doute le fabricant, en raison de l'intelligence qu'il déploie, des capitaux qu'il aventure, des établissements qu'il fonde et du bien qu'il fait quelquefois, a un droit légitime aux distinctions dont on le comble; mais pourquoi le travailleur est-il impitoyablement exclu de ces récompenses dont l'action est si puissante sur les masses?

Les généraux et les officiers sont-ils donc les seuls que l'on récompense dans une armée?

Après avoir justement rémunéré les chefs de cette puissante et féconde armée de l'industrie, pourquoi ne jamais songer aux soldats?

Pourquoi n'y a-t-il jamais pour eux de signe de rémunération éclatante, quelque consolante et bienveillante parole d'une lèvre auguste? pourquoi ne voit-on pas enfin, en France, *un seul ouvrier décoré* pour prix de sa main-d'œuvre, de son courage industriel et de sa longue et laborieuse carrière? Cette croix et la modeste pension qui l'accompagne seraient pourtant pour lui une double récompense justement méritée; mais non, pour l'humble travail, pour le travail nourricier, il n'y a qu'oubli, injustice, indifférence et dédain !

Aussi de cet abandon public, souvent aggravé par l'égoïsme et par la dureté des maîtres ingrats, naît pour les travailleurs une condition déplorable :

Les uns, malgré un labeur incessant, vivent dans les privations, et meurent avant l'âge, presque toujours en maudissant une société qui les délaisse;

D'autres cherchent l'éphémère oubli de leurs maux dans une ivresse meurtrière;

Un grand nombre enfin, n'ayant aucun intérêt, aucun avantage, aucune incitation morale ou matérielle à faire plus ou à faire mieux, se bornent à faire rigoureusement ce qu'il faut pour gagner leur salaire. Rien ne les attache à leur travail, parce que rien à leurs yeux ne rehausse, n'honore, ne glorifie le travail... Rien ne les défend contre les séductions de l'oisiveté, et s'ils trouvent par hasard les moyens de vivre quelque temps dans la paresse, peu à peu ils cèdent à ces habitudes de fainéantise, de débauche; et quelquefois les plus mauvaises passions flétrissent à jamais des natures originairement saines, honnêtes, remplies de bon vouloir, faute d'une tutelle protectrice et équitable, qui ait soutenu, encouragé, récompensé leurs premières tendances, honnêtes et laborieuses.

. . . . . . . . . . . . . . . . . . . .

Nous suivrons maintenant la Mayeux, qui, après s'être présentée pour chercher de l'ouvrage chez la personne qui l'employait ordinairement, s'était rendue rue de Babylone, au pavillon occupé par Adrienne de Cardoville.

## CHAPITRE V.

FLORINE.

Pendant que la reine Bacchanal et Couche-tout-Nu terminaient si tristement la plus joyeuse phase de leur existence, la Mayeux arrivait à la porte du pavillon de la rue de Babylone.

Avant de sonner, la jeune ouvrière essuya ses larmes : un nouveau chagrin l'accablait. En quittant la maison du traiteur, elle était allée chez la personne qui lui donnait habituellement du travail; mais celle-ci lui en avait refusé, pouvant, disait-elle, faire confectionner la même besogne dans les prisons de femmes avec un tiers d'économie. La Mayeux plutôt que de perdre cette dernière ressource, offrit de subir cette diminution, mais les pièces de lingerie étaient déjà livrées, et la jeune ouvrière ne pouvait espérer d'occupation avant une quinzaine de jours, même en accédant à cette réduction de salaire. On conçoit les angoisses de la pauvre créature ; car, en présence d'un chômage forcé, il faut mendier, mourir de faim ou voler.

Quant à sa visite au pavillon de la rue de Babylone, elle s'expliquera tout à l'heure.

La Mayeux sonna timidement à la petite porte; peu d'instants après, Florine vint lui ouvrir.

La camériste n'était plus habillée selon le goût charmant d'Adrienne; elle était au contraire vêtue avec une affectation de simplicité austère; elle portait une robe montante de couleur sombre, assez large pour cacher la svelte élégance de sa taille; ses bandeaux de cheveux, d'un noir de jais, s'apercevaient à peine sous la garniture plate d'un petit bonnet blanc empesé, assez pareil aux cornettes des religieuses ; mais, malgré ce costume si modeste, la figure brune et pâle de Florine paraissait toujours admirablement belle.

On l'a dit : placée par un passé criminel dans la dépendance absolue de Rodin et de M. d'Aigrigny, Florine leur avait jusqu'alors servi d'espionne auprès d'Adrienne, malgré les marques de confiance et de bonté dont celle-ci la comblait. Florine n'était pas complétement pervertie; aussi éprouvait-elle souvent de douloureux mais vains remords, en songeant au métier infâme qu'on l'obligeait à faire auprès de sa maîtresse.

A la vue de la Mayeux, qu'elle reconnut (Florine lui avait appris la veille l'arrestation d'Agricol et le soudain accès de folie de mademoiselle de Cardoville), elle recula d'un pas, tant la physionomie de la jeune ouvrière lui inspira d'intérêt et de pitié. En effet, l'annonce d'un chômage forcé, au milieu de circonstances déjà si pénibles, portait un terrible coup à la jeune ouvrière; les traces de larmes récentes sillonnaient ses joues; ses traits exprimaient à son insu une désolation profonde, et elle paraissait si épuisée, si faible, si accablée, que Florine s'avança vivement vers elle, lui offrit son bras, et lui dit avec bonté en la soutenant :

— Entrez, mademoiselle, entrez... Reposez-vous un instant, car vous êtes bien pâle... et vous paraissez bien souffrante et bien fatiguée !

Ce disant, Florine introduisit la Mayeux dans un petit vestibule à cheminée, garni de tapis, et la fit asseoir auprès d'un bon feu, dans un fauteuil de tapisserie ; Georgette et Hébé avaient été renvoyées, Florine était restée jusqu'alors seule gardienne du pavillon.

Lorsque la Mayeux fut assise, Florine lui dit avec intérêt :

— Mademoiselle, ne voulez-vous rien prendre? un peu d'eau sucrée, chaude, et de fleur d'oranger?

— Je vous remercie, mademoiselle — dit la Mayeux avec émotion, tant la moindre preuve de bienveillance la remplissait de gratitude, puis elle voyait avec une douce surprise que ses pauvres vêtements n'étaient pas un sujet d'éloignement ou de dédain pour Florine.

— Je n'ai besoin que d'un peu de repos,

car je viens de très-loin — reprit-elle — et si vous le permettez...

— Reposez-vous tant que vous voudrez, mademoiselle... je suis seule dans ce pavillon depuis le départ de ma pauvre maîtresse... — Ici Florine rougit et soupira. — Ainsi donc ne vous gênez en rien... approchez-vous du feu... je vous en prie; tenez... mettez-vous là... vous serez mieux... Mon Dieu! comme vos pieds sont mouillés!.. Posez-les... sur ce tabouret.

L'accueil cordial de Florine, sa belle figure, l'agrément de ses manières, qui n'étaient pas celles d'une femme de chambre ordinaire, frappèrent vivement la Mayeux, sensible plus que personne, malgré son humble condition, à tout ce qui était gracieux, délicat et distingué; aussi, cédant à cet attrait, la jeune ouvrière, ordinairement d'une sensibilité inquiète, d'une timidité ombrageuse, se sentit presqu'en confiance avec Florine.

— Combien vous êtes obligeante, mademoiselle... — lui dit-elle d'un ton pénétré — je suis toute confuse de vos bons soins!

— Je vous l'assure, mademoiselle, je voudrais faire autre chose pour vous que de vous offrir une place à ce foyer... vous avez l'air si doux, si intéressant!

— Ah! mademoiselle... que cela fait de bien, de se réchauffer à un bon feu! — dit naïvement la Mayeux, et presque malgré elle. Puis craignant, tant était grande sa délicatesse, qu'on ne la crût capable de chercher, en prolongeant sa visite, à abuser de l'hospitalité, elle ajouta :

— Voici, mademoiselle, pourquoi je reviens ici :... Hier vous m'avez appris qu'un jeune ouvrier forgeron, M. Agricol Baudoin, avait été arrêté dans ce pavillon...

— Hélas! oui, mademoiselle, et cela au moment où ma pauvre maîtresse s'occupait de lui venir en aide...

— M. Agricol... je suis sa sœur adoptive — reprit la Mayeux en rougissant légèrement — m'a écrit hier soir, de sa prison... il me priait de dire à son père de se rendre ici le plus tôt possible, afin de prévenir mademoiselle de Cardoville qu'il avait, lui Agricol, les choses les plus importantes à communiquer à cette demoiselle, ou à la personne qu'on lui enverrait... mais qu'il n'osait les confier à une lettre, ignorant si la correspondance des prisonniers n'était pas lue par le directeur de la prison.

— Comment! c'est à ma maîtresse que M. Agricol veut faire une révélation importante? — dit Florine très-surprise.

— Oui, mademoiselle, car, à cette heure, Agricol ignore encore l'affreux malheur qui a frappé mademoiselle de Cardoville.

— C'est juste... et cet accès de folie s'est, hélas! déclaré d'une manière si brusque — dit Florine en baissant les yeux — que rien ne pouvait le faire prévoir.

— Il faut bien que cela soit ainsi — reprit la Mayeux — car, lorsqu'Agricol a vu mademoiselle de Cardoville pour la première fois... il est revenu frappé de sa grâce, de sa délicatesse et de sa bonté.

— Comme tous ceux qui approchent de ma maîtresse... — dit tristement Florine.

— Ce matin — reprit la Mayeux — lorsque, d'après la recommandation d'Agricol, je me suis présentée chez son père il était déjà sorti; car il est en proie à de grandes inquiétudes ;... mais la lettre de mon frère adoptif m'a paru si pressante et devoir être d'un si puissant intérêt pour mademoiselle de Cardoville, qui s'était montrée remplie de générosité pour lui... que je suis venue.

— Malheureusement mademoiselle n'est plus ici, vous le savez.

— Mais n'y a-t-il personne de sa famille à qui je puisse, sinon parler, du moins faire savoir par vous, mademoiselle, qu'Agricol désire faire connaître des choses très-importantes pour cette demoiselle?

— Cela est étrange — reprit Florine en réfléchissant et sans répondre à la Mayeux ; puis, se tournant vers elle : — Et vous en ignorez complétement le sujet, de ces révélations?

— Complétement, mademoiselle ; mais je connais Agricol : c'est l'honneur, la loyauté même ; il a l'esprit très-juste, très-droit ; l'on peut croire à ce qu'il affirme... D'ailleurs, quel intérêt aurait-il à...

— Mon Dieu — s'écria tout à coup Florine frappée d'un trait de lumière soudaine et en interrompant la Mayeux — je me souviens de cela maintenant : lorsqu'il a été arrêté dans une cachette où mademoiselle l'avait fait conduire, je me trouvais là par hasard, M. Agricol m'a dit rapidement et tout bas : — Prévenez votre généreuse maîtresse que sa bonté pour moi aura sa récompense, et que mon séjour dans cette cachette n'aura peut-être pas été inutile... — C'est tout ce qu'il a pu me dire, car on l'a emmené à l'instant. Je l'avoue, dans ces mots je n'avais vu que l'expression de sa reconnaissance et l'espoir de la prouver un jour à mademoiselle... mais en rapprochant ces paroles de la lettre qu'il vous a écrite... — dit Florine en réfléchissant...

En effet — reprit la Mayeux — il y a certainement quelque rapport entre son séjour dans cette cachette et les choses importantes qu'il demande à révéler à votre maîtresse ou à quelqu'un de sa famille.

— Cette cachette n'avait été ni habitée, ni visitée depuis très-long-temps — dit Florine d'un air pensif — peut-être M. Agricol y aura trouvé ou vu quelque chose qui doit intéresser ma maîtresse.

— Si la lettre d'Agricol ne m'eût pas paru si

pressante — reprit la Mayeux — je ne serais pas venue, et il se serait présenté ici lui-même lors de sa sortie de prison, qui maintenant, grâce à la générosité d'un de ses anciens camarades, ne peut tarder long-temps;... mais ignorant si, même moyennant caution, on le laisserait libre aujourd'hui... j'ai voulu, avant tout, accomplir fidèlement sa recommandation :... la généreuse bonté que votre maîtresse lui avait témoignée m'en faisait un devoir.

Comme toutes les personnes dont les bons instincts se réveillent encore parfois, Florine éprouvait une sorte de consolation à faire le bien lorsqu'elle le pouvait faire impunément; c'est-à-dire sans s'exposer aux inexorables ressentiments de ceux dont elle dépendait.

Grâce à la Mayeux, elle trouvait l'occasion de rendre probablement un grand service à sa maîtresse; connaissant assez la haine de la princesse de Saint-Dizier contre sa nièce pour être certaine du danger qu'il y aurait à ce que la révélation d'Agricol, en raison même de son importance, fût faite à une autre qu'à mademoiselle de Cardoville, Florine dit à la Mayeux d'un ton grave et pénétré :

— Écoutez, mademoiselle... je vais vous donner un conseil profitable, je crois, à ma pauvre maîtresse ; mais cette démarche de ma part pourrait m'être très-funeste si vous n'aviez pas égard à mes recommandations.

— Comment cela, mademoiselle?

Dit la Mayeux en regardant Florine avec une profonde surprise.

— Dans l'intérêt de ma maîtresse... M. Agricol ne doit confier à personne... si ce n'est à elle-même... les choses importantes qu'il désire lui communiquer.

— Mais, ne pouvant voir mademoiselle Adrienne, pourquoi ne s'adresserait-il pas à sa famille?

— C'est surtout à la famille de ma maîtresse qu'il doit taire tout ce qu'il sait... Mademoiselle Adrienne peut guérir... Alors M. Agricol lui parlera ; bien plus, ne dût-elle jamais guérir, dites à votre frère adoptif qu'il vaut encore mieux qu'il garde son secret que de le voir servir aux ennemis de ma maîtresse... ce qui arriverait infailliblement, croyez-moi.

— Je vous comprends, mademoiselle—dit tristement la Mayeux. — La famille de votre généreuse maîtresse ne l'aime pas et la persécuterait peut-être ?

— Je ne peux rien vous dire de plus à ce sujet ; maintenant, quant à ce qui me regarde, je vous en conjure, promettez-moi d'obtenir de M. Agricol qu'il ne parle à personne au monde de la démarche que vous avez tentée près de moi... à ce sujet, et du conseil que je vous donne :... le bonheur... non pas le bonheur — reprit Florine avec amertume, comme si depuis long-temps elle avait renoncé à l'espoir d'être heureuse ; — non pas le bonheur, mais le repos de ma vie dépend de votre discrétion.

— Ah ! soyez tranquille — dit la Mayeux aussi attendrie que surprise de l'expression douloureuse des traits de Florine — je ne serai pas ingrate ; personne au monde, sauf Agricol, ne saura que je vous ai vue.

—Merci... oh ! merci, mademoiselle.

Dit Florine avec effusion.

— Vous me remerciez ?

Dit la Mayeux étonnée de voir de grosses larmes rouler dans les yeux de Florine.

— Oui... je vous dois un moment de bonheur... pur et sans mélange; car j'aurai peut-être rendu un service à ma chère maîtresse sans risquer d'augmenter les chagrins qui m'accablent déjà...

— Vous, malheureuse !

—Cela vous étonne; pourtant, croyez-moi : quel que soit votre sort, je le changerais pour le mien.

S'écria Florine presque involontairement.

— Hélas ! mademoiselle—dit la Mayeux—vous paraissez avoir un trop bon cœur pour que je vous laisse former un pareil vœu, surtout aujourd'hui...

— Que voulez-vous dire ?...

— Ah ! je l'espère bien sincèrement pour vous, mademoiselle — reprit la Mayeux avec amertume — jamais vous ne saurez ce qu'il y a d'affreux à se voir privé de travail lorsque le travail est votre unique ressource.

— En êtes-vous réduite là, mon Dieu?...

S'écria Florine en regardant la Mayeux avec anxiété.

La jeune ouvrière baissa la tête et ne répondit rien; son excessive fierté se reprochait presque cette confidence, qui ressemblait à une plainte, et qui lui était échappée en songeant à l'horreur de sa position.

— S'il en est ainsi — reprit Florine — je vous plains du plus profond de mon cœur... et cependant je ne sais si mon infortune n'est pas plus grande encore que la vôtre.

Puis, après un moment de réflexion, Florine s'écria tout à coup :

— Mais, j'y songe... si vous manquez de travail... si vous êtes à bout de ressources... je pourrai, je l'espère, vous procurer de l'ouvrage...

— Serait-il possible, mademoiselle ! — s'écria la Mayeux — jamais je n'aurais osé vous demander un pareil service,... qui pourtant me sauverait;... mais maintenant votre offre généreuse commande presque ma confiance... aussi je dois vous avouer que ce matin même on m'a retiré un travail bien modeste, puisqu'il me rapportait quatre francs par semaine...

— Quatre francs par semaine! s'écria Florine pouvant à peine croire ce qu'elle entendait.

— C'était bien peu, sans doute — reprit la Mayeux — mais cela me suffisait... Malheureusement, la personne qui m'employait trouve à faire faire cet ouvrage moyennant un prix encore plus minime.

— Quatre francs par semaine! — répéta Florine profondément touchée de tant de misère et de tant de résignation — eh bien! moi, je vous adresserai à des personnes qui vous assureront un gain d'au moins deux francs par jour.

— Je pourrais gagner deux francs par jour... est-ce possible?..

— Oui, sans doute;... seulement, il faudrait aller travailler en journée... à moins que vous ne préfériez vous mettre servante...

— Dans ma position — dit la Mayeux avec une timidité fière — on n'a pas le droit, je le sais, d'écouter ses susceptibilités; pourtant je préférerais travailler à la journée, et, en gagnant moins, avoir la faculté de travailler chez moi.

— La condition d'aller en journée est malheureusement indispensable — dit Florine.

— Alors, je dois renoncer à cet espoir — répondit timidement la Mayeux... — Non que je refuse d'aller en journée ; avant tout il faut vivre... mais... on exige des ouvrières une mise, sinon élégante, du moins convenable... et, je vous l'avoue sans honte, parce que ma pauvreté est honnête... je ne puis être mieux vêtue que je ne le suis.

— Qu'à cela ne tienne... — dit vivement Florine — on vous donnera les moyens de vous vêtir convenablement.

La Mayeux regarda Florine avec une surprise croissante. Ces offres étaient si fort au delà de ce qu'elle pouvait espérer et de ce que les ouvrières gagnent généralement, que la Mayeux pouvait à peine y croire.

— Mais... — reprit-elle avec hésitation — pour quel motif serait-on si généreux envers moi, mademoiselle? de quelle façon pourrais-je donc mériter un salaire si élevé?

Florine tressaillit.

Un élan de cœur et de bon naturel, le désir d'être utile à la Mayeux, dont la douceur et la résignation l'intéressaient vivement, l'avaient entraînée à une proposition irréfléchie; elle savait à quel prix la Mayeux pourrait obtenir les avantages qu'elle lui proposait, et seulement alors elle se demanda si la jeune ouvrière consentirait jamais à accepter une pareille condition.

Malheureusement Florine s'était trop avancée, elle ne put se résoudre à oser tout dire à la Mayeux. Elle résolut donc d'abandonner l'avenir aux scrupules de la jeune ouvrière; puis enfin, comme ceux qui ont failli sont ordinairement peu disposés à croire à l'infaillibilité des autres, Florine se dit que peut-être la Mayeux, dans la position désespérée où elle se trouvait, aurait moins de délicatesse qu'elle ne lui en supposait...

Elle reprit donc :

— Je le conçois, mademoiselle, des offres si supérieures à ce que vous gagnez habituellement vous étonnent; mais je dois vous dire qu'il s'agit d'une institution pieuse, destinée à procurer de l'ouvrage ou de l'emploi aux femmes méritantes et dans le besoin... Cet établissement, qui s'appelle de Sainte-Marie, se charge de placer soit des domestiques, soit des ouvrières à la journée... Or l'œuvre est dirigée par des personnes si charitables, qu'elles fournissent même une espèce de trousseau lorsque les ouvrières qu'elles prennent sous leur protection ne sont pas assez convenablement vêtues pour aller remplir les fonctions auxquelles on les destine.

Cette explication fort plausible des offres *magnifiques* de Florine devait satisfaire la Mayeux, puisqu'après tout il s'agissait d'une œuvre de bienfaisance.

— Ainsi, je comprends le taux élevé du salaire dont vous me parlez, mademoiselle — reprit la Mayeux — seulement je n'ai aucune recommandation pour être protégée par les personnes charitables qui dirigent ces établissements.

— Vous souffrez, vous êtes laborieuse, honnête, ce sont des droits suffisants;.. seulement je dois vous prévenir que l'on vous demandera si vous remplissez exactement vos devoirs religieux.

— Personne plus que moi, mademoiselle, n'aime et ne bénit Dieu — dit la Mayeux avec une fermeté douce — mais les pratiques de certains devoirs sont une affaire de conscience; et je préférerais renoncer au patronage dont vous me parlez, s'il devait avoir quelque exigence à ce sujet...

— Pas le moins du monde. Seulement, je vous l'ai dit; comme ce sont des personnes très-pieuses qui dirigent cette œuvre, vous ne vous étonnerez pas de leurs questions... Et puis enfin... essayez; que risquez-vous? Si les propositions qu'on vous fait vous conviennent, vous les accepterez;... si, au contraire, elles vous semblent choquer votre liberté de conscience, vous les refuserez... votre position ne sera pas empirée.

La Mayeux n'avait rien à répondre à cette conclusion, qui, lui laissant la plus parfaite latitude, devait éloigner d'elle toute défiance; elle reprit donc :

— J'accepte votre offre, mademoiselle, et je vous en remercie du fond du cœur; mais qui me présentera?

— Moi... demain, si vous le voulez.

— Mais les renseignements que l'on désirera prendre sur moi, peut-être?..

— La respectable mère Sainte-Perpétue, supérieure du couvent de Sainte-Marie, où est établie l'œuvre, vous appréciera, j'en suis sûre, sans qu'il lui soit besoin de se renseigner; sinon elle vous le dira, et il vous sera facile de la satisfaire. Ainsi, c'est convenu... à demain.

— Viendrai-je vous prendre ici, mademoiselle?

— Non : ainsi que je vous l'ai dit, il faut qu'on ignore que vous êtes venue de la part de M. Agricol; et une nouvelle visite ici pourrait être connue et donner l'éveil... J'irai vous prendre en fiacre... Où demeurez-vous?

— Rue Brise-Miche, n° 3... Puisque vous prenez cette peine, mademoiselle, vous n'aurez qu'à prier le teinturier qui sert de portier de venir m'avertir... de venir avertir la Mayeux.

— La Mayeux ! — dit Florine avec surprise.

— Oui, mademoiselle — répondit l'ouvrière avec un triste sourire — c'est le sobriquet que tout le monde me donne... et tenez — ajouta la Mayeux ne pouvant retenir une larme — c'est aussi à cause de mon infirmité ridicule, à laquelle ce sobriquet fait allusion, que je crains d'aller en journée chez des étrangers... il y a tant de gens qui vous raillent... sans savoir combien ils vous blessent!.. Mais — reprit la Mayeux en essuyant une larme — je n'ai pas à choisir, je me résignerai...

Florine, péniblement émue, prit la main de la Mayeux, et lui dit :

— Rassurez-vous, il est des infortunes si touchantes qu'elles inspirent la compassion et non la raillerie. Je ne puis donc vous demander sous votre véritable nom?

— Je me nomme Madeleine Soliveau; mais, je vous le répète, mademoiselle, demandez la Mayeux, car on ne me connaît guère que sous ce nom-là.

— Je serai donc demain à midi rue Brise-Miche.

— Ah, mademoiselle! comment jamais reconnaître vos bontés?

— Ne parlons pas de cela, tout mon désir

est que mon entremise puisse vous être utile... ce dont vous seule jugerez. Quant à M. Agricol, ne lui répondez pas; attendez qu'il soit sorti de prison, et dites-lui alors, je vous le répète, que ses révélations doivent être secrètes jusqu'au moment où il pourra voir ma pauvre maîtresse...

— Et où est-elle à cette heure, cette chère demoiselle?

— Je l'ignore... Je ne sais pas où on l'a conduite lorsque son accès s'est déclaré. Ainsi, à demain, attendez-moi.

— A demain — dit la Mayeux.

Le lecteur n'a pas oublié que le couvent de Sainte-Marie, où Florine devait conduire la Mayeux, renfermait les filles du général Simon, et était voisin de la maison de santé du docteur Baleinier, où se trouvait alors Adrienne de Cardoville.

## CHAPITRE VI.

LA MÈRE SAINTE-PERPÉTUE.

Le couvent de Sainte-Marie, où avaient été conduites les filles du maréchal Simon, était un ancien et grand hôtel dont le vaste jardin donnait sur le boulevard de l'Hôpital, l'un des endroits (à cette époque surtout) les plus déserts de Paris.

Les scènes qui vont suivre se passaient le 12 février, veille du jour fatal où les membres de la famille Rennepont, les derniers descendants de la sœur du Juif-Errant, devaient se trouver rassemblés rue Saint-François.

Le couvent de Sainte-Marie était tenu avec une régularité parfaite. Un conseil supérieur, composé d'ecclésiastiques influents, présidés par le père d'Aigrigny, et de femmes d'une grande dévotion, à la tête desquelles se trouvait la princesse de Saint-Dizier, s'assemblait fréquemment, afin d'aviser aux moyens d'étendre et d'assurer l'influence occulte et puissante de cet établissement, qui prenait une extension remarquable.

Des combinaisons très-habiles, très-profondément calculées, avaient présidé à la fondation de l'œuvre de Sainte-Marie, qui, par suite de nombreuses donations, possédait de très-riches immeubles et d'autres biens dont le nombre augmentait chaque jour.

La communauté religieuse n'était qu'un prétexte; mais, grâce à de nombreuses intelligences nouées avec la province par l'intermédiaire des membres les plus exaltés du parti ultramontain, on attirait dans cette maison un assez grand nombre d'orphelines richement dotées, qui devaient recevoir au couvent une éducation solide, austère, religieuse, bien préférable, disait-on, à l'éducation frivole qu'elles auraient reçue dans les pensionnats à la mode, infectés de la corruption du siècle; aux femmes veuves ou isolées, mais riches aussi, l'œuvre de Sainte-Marie offrait un asile assuré contre les dangers et les tentations du monde : dans cette paisible retraite on goûtait un calme adorable, on faisait doucement son salut, et l'on était entouré des soins les plus tendres, les plus affectueux.

Ce n'était pas tout : la mère Sainte-Perpétue, supérieure du couvent, se chargeait aussi, au nom de l'œuvre, de procurer aux vrais fidèles, qui désiraient préserver l'intérieur de leurs maisons de la corruption du siècle, soit des demoiselles de compagnie pour les femmes seules ou âgées, soit des servantes pour les ménages, soit enfin des ouvrières à la journée, toutes personnes dont la pieuse moralité était garantie par l'œuvre.

Rien ne semblerait plus digne d'intérêt, de sympathie et d'encouragement qu'un pareil établissement; mais tout à l'heure se dévoilera le vaste et dangereux réseau d'intrigues de toutes sortes que cachaient ces charitables et saintes apparences.

La supérieure du couvent, mère Sainte-

Perpétue, était une grande femme de quarante ans environ, vêtue de bure couleur carmélite et portant un long rosaire à sa ceinture; un bonnet blanc à mentonnière accompagné d'un voile noir embéguinait étroitement son visage maigre et blême; une grande quantité de rides profondes et transversales sillonnaient son front couleur d'ivoire jauni; son nez, à arête tranchante, se recourbait quelque peu en bec d'oiseau de proie; son œil noir était sagace et perçant; sa physionomie, à la fois intelligente, froide et ferme.

Pour l'entente et la conduite des intérêts matériels de la communauté, la mère Sainte-Perpétue en eût remontré au procureur le plus retors et le plus rusé. Lorsque les femmes sont possédées de ce qu'on appelle l'*esprit des affaires*, et qu'elles y appliquent leur finesse de pénétration, leur persévérance infatigable, leur prudente dissimulation, et surtout cette justesse et cette rapidité de coup d'œil qui leur est naturelle, elles arrivent à des résultats prodigieux.

Pour la mère Sainte-Perpétue, femme de tête solide et forte, la vaste comptabilité de la communauté n'était qu'un jeu ; personne mieux qu'elle ne savait acheter des propriétés dépréciées, les remettre en valeur et les revendre avec avantage ; le cours de la rente, le change, la valeur courante des actions de différentes entreprises lui étaient aussi très-familiers : jamais elle n'avait commandé à ses intermédiaires une fausse spéculation lorsqu'il s'était agi de placer les fonds dont de bonnes âmes faisaient journellement don à l'œuvre de Sainte-Marie. Elle avait établi dans la maison un ordre, une discipline et surtout une économie extrêmes, le but constant de ses efforts étant d'enrichir, non pas elle, mais la communauté qu'elle dirigeait ; car l'esprit d'association, lorsqu'il est dirigé dans un but d'*égoïsme collectif,* donne aux corporations les défauts et les vices de l'individu.

Ainsi une congrégation aimera le pouvoir et l'argent, comme un ambitieux aime le pouvoir pour le pouvoir, comme le cupide aime l'argent pour l'argent... Mais c'est surtout à l'endroit des immeubles que les congrégations agissent comme un seul homme. L'immeuble est leur rêve, leur idée fixe, leur fructueuse monomanie; ils le poursuivent de leurs vœux les plus sincères, les plus tendres, les plus chauds....

Le premier *immeuble* est pour une pauvre petite communauté naissante, ce qu'est pour une jeune mariée sa corbeille de noces; pour un adolescent, son premier cheval de course; pour un poète, son premier succès; pour une lorette, son premier châle de cachemire : parce qu'après tout, dans ce siècle matériel, un *immeuble* pose, classe, *cote* une communauté pour une certaine valeur, à cette espèce de Bourse religieuse, et donne une idée d'autant meilleure de son crédit sur les simples, que toutes ces associations de salut en commandite, qui finissent par posséder des biens immenses, se fondent toujours modestement avec la pauvreté pour apport social et la charité du prochain comme garantie et éventualité.

Aussi l'on ne peut se figurer tout ce qu'il y a d'âcre et d'ardente rivalité entre les différentes congrégations d'hommes et de femmes à propos des *immeubles* que chacun peut compter au soleil, avec quelle ineffable complaisance une opulente congrégation écrase sous l'inventaire de ses maisons, de ses fermes, de ses valeurs de portefeuille une congrégation moins riche.

L'envie, la jalousie haineuse, rendue plus irritante encore par l'oisiveté claustrale, naissent forcément de telles comparaisons ; et pourtant rien n'est moins chrétien dans l'adorable acception de ce mot divin, rien n'est moins selon le véritable esprit évangélique, esprit si essentiellement, si religieusement *communiste*, que cette âpre, que cette insatiable ardeur d'acquérir et d'accaparer par tous les moyens possibles : avidité dangereuse, qui est loin d'être excusée aux yeux de l'opinion publique par quelques maigres aumônes auxquelles préside un inexorable esprit d'exclusion et d'intolérance.

Mère Sainte-Perpétue était assise devant un grand bureau à cylindre, placé au milieu d'un cabinet très-simplement mais très-confortablement meublé ; un excellent feu brillait dans la cheminée de marbre, un moelleux tapis recouvrait le plancher.

La supérieure, à qui on remettait chaque

jour toutes les lettres adressées soit aux sœurs, soit aux pensionnaires du couvent, venait d'ouvrir les lettres des sœurs selon son droit, et de décacheter très-dextrement les lettres des pensionnaires selon le droit qu'elle s'attribuait, à leur insu, mais toujours, bien entendu, dans le seul intérêt du salut de ces chères filles, et aussi un peu pour se tenir au courant de leur correspondance ; car la supérieure s'imposait encore le devoir de prendre connaissance de toutes les lettres qu'on écrivait du couvent, avant de les faire mettre à la poste.

Les traces de cette pieuse et innocente inquisition disparaissaient très-facilement, la sainte et bonne mère possédant tout un arsenal de charmants petits outils d'acier ; les uns très-affilés servaient à découper imperceptiblement le papier autour du cachet ; puis, la lettre ouverte, lue et replacée dans son enveloppe, on prenait un autre gentil instrument arrondi, on le chauffait légèrement et on le promenait sur le contour de la cire du cachet, qui, en fondant et s'étalant un peu, recouvrait la primitive incision ; enfin, par

un sentiment de justice et d'égalité très
louable, il y avait dans l'arsenal de la bonne
mère jusqu'à un petit fumigatoire on ne peut
plus ingénieux, à la vapeur humide et dis-
solvante duquel on soumettait les lettres modestement et humblement fermées avec des
pains à cacheter; ainsi détrempés, ils cé-
daient sous le moindre effort et sans occa-
sionner la moindre déchirure.

Selon l'importance des *indiscrétions* qu'elle
faisait ainsi commettre aux signataires des
lettres, la supérieure prenait des notes plus
ou moins étendues. Elle fut interrompue
dans cette intéressante investigation par deux
coups doucement frappés à la porte verrouillée.

Mère Sainte-Perpétue abaissa aussitôt le
vaste cylindre de son secrétaire sur son arsenal, se leva et alla ouvrir d'un air grave et solennel.

Une sœur converse venait lui annoncer
que madame la princesse de Saint-Dizier attendait dans le salon, et que mademoiselle
Florine, accompagnée d'une jeune fille contrefaite et mal vêtue, arrivées peu de temps

après la princesse, attendaient à la porte du petit corridor.

— Introduisez d'abord madame la princesse — dit la mère Sainte-Perpétue.

Et, avec une prévenance charmante, elle approcha un fauteuil du feu.

Madame de Saint-Dizier entra.

Quoique sans prétentions coquettes et juvéniles, la princesse était habillée avec goût et élégance : elle portait un chapeau de velours noir de la meilleure faiseuse, un grand châle de cachemire bleu, une robe de satin noir garnie de martre pareille à la fourrure de son manchon.

— Quelle bonne fortune me vaut encore aujourd'hui l'honneur de votre visite, ma chère fille?... — lui dit gracieusement la supérieure.

— Une recommandation très-importante, ma chère mère, car je suis très-pressée; on m'attend chez Son Éminence, et je n'ai malheureusement que quelques minutes à vous donner : il s'agit encore de ces deux orphelines au sujet desquelles nous avons longuement causé hier.

— Elles continuent à être séparées, selon votre désir... et cette séparation leur a porté un coup si sensible... que j'ai été obligée d'envoyer ce matin... prévenir le docteur Baleinier... à sa maison de santé... Il a trouvé de la fièvre jointe à un grand abattement, et, chose singulière, absolument les mêmes symptômes de maladie chez l'une que chez l'autre des deux sœurs... J'ai interrogé de nouveau ces deux malheureuses créatures... je suis restée confondue... épouvantée... ce sont des idolâtres....

— Aussi était-il bien urgent de vous les confier... Mais voici le sujet de ma visite. Ma chère mère : on vient d'apprendre le retour imprévu du soldat qui a amené ces jeunes filles en France, et que l'on croyait absent pour quelques jours; il est donc à Paris; malgré son âge c'est un homme audacieux, entreprenant, et d'une rare énergie; s'il découvrait que ces jeunes filles sont ici... ce qui est d'ailleurs heureusement presque impossible, dans sa rage de les voir à l'abri de son influence impie, il serait capable de tout... Ainsi, à compter d'aujourd'hui, ma chère mère, redoublez de surveillance;.. que personne ne puisse s'introduire ici nuitamment... Ce quartier est si désert!..

— Soyez tranquille, ma chère fille... nous sommes suffisamment gardées : notre concierge et nos jardiniers, bien armés, font une ronde chaque nuit, du côté du boulevard de l'Hôpital; les murailles sont hautes et hérissées de pointes de fer aux endroits d'un accès plus facile... Mais je vous remercie toujours, ma chère fille, de m'avoir prévenue, on redoublera de précautions.

— Il faudra surtout en redoubler cette nuit, ma chère mère!

— Et pourquoi?

— Parce que si cet infernal soldat avait l'audace inouïe de tenter quelque chose... il le tenterait cette nuit...

— Et comment le savez-vous, ma chère fille?

— Nos renseignements nous donnent cette certitude — répondit la princesse avec un léger embarras qui n'échappa pas à la supérieure, mais elle était trop fine et trop réservée pour paraître s'en apercevoir; seulement, elle soupçonna qu'on lui cachait plusieurs choses.

— Cette nuit donc — répondit mère Sainte-Perpétue — on redoublera de surveillance... Mais puisque j'ai le plaisir de vous voir, ma chère fille, j'en profiterai pour vous dire deux mots du mariage en question.

— Parlons-en, ma chère mère — dit vivement la princesse — car cela est très-important. Le jeune baron de Brisville est un homme rempli d'ardente dévotion dans ce temps d'impiété révolutionnaire, il pratique ouvertement, il peut nous rendre les plus grands services, il est à la chambre, assez écouté ; il ne manque pas d'une sorte d'éloquence agressive et provocante, et je ne sais personne qui donne à sa croyance un tour plus effronté, à sa foi une allure plus insolente : son calcul est juste, car cette manière cavalière et débraillée de parler de choses saintes pique et réveille la curiosité des indifférents. Heureusement les circonstances sont telles qu'il peut se montrer d'une audacieuse violence contre nos ennemis sans le moindre danger, ce qui redouble naturellement son ardeur de martyr postulant; en un mot, il est à nous, et en retour nous lui devons ce mariage : il faut donc qu'il se fasse; vous savez d'ailleurs, chère mère, qu'il se propose d'offrir une donation de cent mille francs à l'œuvre de Sainte-Marie, le jour où il sera en possession de la fortune de mademoiselle Baudricourt.

— Je n'ai jamais douté des excellentes intentions de M. de Brisville au sujet d'une œuvre qui mérite la sympathie de toutes les personnes pieuses — répondit discrètement la supérieure — mais je ne croyais pas rencontrer tant d'obstacles de la part de la jeune personne.

— Comment donc?

— Cette jeune fille, que j'avais crue jusqu'ici la soumission, la timidité, la nullité, tranchons le mot, l'idiotisme même... au lieu d'être, comme je le pensais, ravie de cette proposition de mariage... demande du temps pour réfléchir.

— Cela fait pitié.

— Elle m'oppose une résistance d'inertie; j'ai beau lui dire sévèrement qu'étant sans parents, sans amis et confiée absolument à mes soins, elle doit voir par mes yeux, écouter par mes oreilles, et que lorsque je lui affirme que cette union lui convient de tout point elle doit y donner son adhésion sans la moindre objection ou réflexion...

— Sans doute... on ne peut parler d'une manière plus sensée.

— Elle me répond qu'elle voudrait voir M. de Brisville et connaître son caractère avant de s'engager...

— C'est absurde... puisque vous lui répondez de sa moralité et que vous trouvez ce mariage convenable.

— Du reste, ce matin j'ai fait remarquer à mademoiselle Baudricourt que jusqu'à présent je n'avais employé envers elle que des moyens de douceur et de persuasion; mais que si elle m'y forçait je serais obligée malgré moi et dans son intérêt même... d'agir avec rigueur pour vaincre son opiniâtreté, de la séparer de ses compagnes, de la mettre en cellule, au secret le plus rigoureux... jusqu'à ce qu'elle se décide, après tout, à être heureuse... et à épouser un homme honorable.

— Et ces menaces, ma chère mère....

— Auront, je l'espère, un bon résultat... Elle avait dans sa province une correspondance avec une ancienne amie de pension... j'ai supprimé cette correspondance, qui m'a paru dangereuse; elle est donc maintenant sous ma seule influence... et j'espère que nous arriverons à nos fins. Mais, vous le voyez, ma chère fille, ce n'est jamais sans peine, sans traverses que l'on parvient à faire le bien.

— Aussi je suis certaine que M. de Brisville ne s'en tiendra pas à sa première promesse, et je me porte caution pour lui que s'il épouse mademoiselle Baudricourt...

— Vous savez, ma chère fille — dit la supérieure en interrompant la princesse — que, s'il s'agissait de moi, je refuserais; mais, donner à l'œuvre, c'est donner à Dieu, et je ne puis empêcher M. de Brisville d'augmenter la somme de ses bonnes œuvres : et puis, il nous arrive quelque chose de déplorable....

— De quoi s'agit-il donc, ma chère mère?

— Le Sacré-Cœur nous dispute et surenchérit un immeuble tout à fait à notre convenance... En vérité, il y a des gens insatiables; je m'en suis, du reste, expliquée très-vertement avec la supérieure.

— Elle me l'a dit en effet, et a rejeté la faute sur l'économe — répondit madame de Saint-Dizier.

— Ah!... vous la voyez donc, ma chère fille? demanda la supérieure, qui parut assez vivement surprise.

— Je l'ai rencontrée chez monseigneur — répondit madame de Saint-Dizier avec une légère hésitation que la mère Sainte-Perpétue ne parut pas remarquer.

Elle reprit :

— Je ne sais en vérité pourquoi notre établissement excite si violemment la jalousie du Sacré-Cœur; il n'y a pas de bruits fâcheux qu'il n'ait répandus sur l'œuvre de Sainte-Marie; mais certaines personnes se sentent toujours blessées des succès du prochain.

— Allons, ma chère mère — dit la princesse d'un ton conciliant — il faut espérer que la donation de M. de Brisville vous mettra à même de couvrir la surenchère du Sacré-

Cœur ; ce mariage aurait donc un double avantage, ma chère mère... car il placerait une grande fortune entre les mains d'un homme à nous, qui l'emploierait comme il convient.... Avec environ 100,000 fr. de rente, la position de notre ardent défenseur triplera d'importance. Nous aurons enfin un organe digne de notre cause, et nous ne serons plus obligés de nous laisser défendre par des gens comme ce M. Dumoulin.

— Il y a pourtant bien de la verve et bien du savoir dans ses écrits. Selon moi, c'est le style d'un saint Bernard en courroux contre l'impiété du siècle.

— Hélas, ma chère mère ! si vous saviez quel étrange saint Bernard c'est que ce M. Dumoulin !... mais je ne veux pas souiller vos oreilles... Tout ce que je puis vous dire, c'est que de tels défenseurs compromettent les plus saintes causes... Adieu, ma chère mère... au revoir... et surtout redoublez de précautions cette nuit... Le retour de ce soldat est inquiétant !...

— Soyez tranquille, ma chère fille... Ah ! j'oubliais... mademoiselle Florine m'a priée de vous demander une grâce : c'est d'entrer à votre service....vous connaissez la fidélité qu'elle vous a montrée dans la surveillance de votre malheureuse nièce... je crois qu'en la récompensant ainsi, vous vous l'attacheriez complétement... et je vous serais très-reconnaissante pour elle.

— Dès que vous vous intéressez le moins du monde à Florine, ma chère mère... c'est chose faite, je la prendrai chez moi... Et maintenant, j'y songe ; elle pourra m'être plus utile que je ne le pensais d'abord.

— Mille grâces, ma chère fille, de votre obligeance ; à bientôt, je l'espère... Nous avons après-demain à deux heures une longue conférence avec Son Éminence et Monseigneur, ne l'oubliez pas...

— Non, ma chère mère, je serai exacte... Mais redoublez de précautions cette nuit, de crainte d'un grand scandale.

Après avoir respectueusement baisé la main de la supérieure, la princesse sortit par la grande porte du cabinet qui donnait dans un salon conduisant au grand escalier.

Quelques minutes après, Florine entrait chez la supérieure par une porte latérale.

La supérieure était assise ; Florine s'approcha d'elle avec une humilité craintive.

— Vous n'avez pas rencontré madame la princesse de Saint-Dizier ? lui demanda la mère Sainte-Perpétue.

— Non, ma mère, j'étais à attendre dans le couloir dont les fenêtres donnent sur le jardin.

— La princesse vous prend à son service à compter d'aujourd'hui — dit la supérieure.

Florine fit un mouvement de surprise chagrine et dit :

— Moi !... ma mère... mais...

— Je le lui ai demandé en votre nom... vous acceptez — répondit impérieusement la supérieure.

— Pourtant... ma mère... je vous avais priée de ne pas...

— Je vous dis que vous acceptez !

Dit la supérieure d'un ton si ferme, si positif, que Florine baissa les yeux, et dit à voix basse :

— J'accepte...

— C'est au nom de M. Rodin... que je vous donne cet ordre.

— Je m'en doutais... ma mère — répondit tristement Florine — et à quelles conditions... entré-je... chez la princesse ?

— Aux mêmes conditions que chez sa nièce.

Florine tressaillit et dit :

— Ainsi je devrai faire des rapports fréquents, secrets sur la princesse ?

— Vous observerez, vous vous souviendrez et vous rendrez compte...

— Oui, ma mère...

— Vous porterez surtout votre attention sur les visites que la princesse pourrait recevoir désormais de la supérieure du Sacré-Cœur ; vous les noterez et tâcherez d'entendre... Il s'agit de préserver la princesse de fâcheuses influences.

— J'obéirai, ma mère.

— Vous tâcherez aussi de savoir pour quelle raison deux jeunes orphelines ont été amenées ici et recommandées avec la plus grande sévérité par madame Grivois, femme de confiance de la princesse.

— Oui, ma mère.

— Ce qui ne vous empêchera pas de graver dans votre souvenir les choses qui vous paraîtraient dignes de remarque. Demain, d'ailleurs, je vous donnerai des instructions particulières sur un autre sujet.

— Il suffit, ma mère.

— Si du reste vous vous conduisez d'une manière satisfaisante, si vous exécutez fidèlement les instructions dont je vous parle, vous sortirez de chez la princesse pour être femme de charge chez une jeune mariée : ce sera pour vous une position excellente et durable... toujours aux mêmes conditions. Ainsi il est bien entendu que vous entrez chez madame de Saint-Dizier après m'en avoir fait la demande.

— Oui, ma mère... je m'en souviendrai.

— Quelle est cette jeune fille contrefaite qui vous accompagne ?

— Une pauvre créature sans aucune ressource, très-intelligente, d'une éducation au-dessus de son état ; elle est ouvrière en lingerie ; le travail lui manque, elle est réduite à la dernière extrémité. J'ai pris sur elle des renseignements ce matin en allant la chercher : ils sont excellents.

— Elle est laide et contrefaite ?

— Sa figure est intéressante, mais elle est contrefaite.

La supérieure parut satisfaite de savoir que la personne dont on lui parlait était douce, d'un extérieur disgracieux, et elle ajouta après un moment de réflexion :

— Et elle paraît intelligente ?

— Très-intelligente.

— Et elle est absolument sans ressource ?

— Sans aucune ressource...

— Est-elle pieuse ?

— Elle ne pratique pas.

— Peu importe — se dit mentalement la supérieure — si elle est très-intelligente cela suffira. — Puis elle reprit tout haut :

— Savez-vous si elle est adroite ouvrière ?

— Je le crois, ma mère.

La supérieure se leva, alla à un casier, y prit un registre, y parut chercher pendant quelque temps avec attention, puis elle dit en replaçant le registre :

— Faites entrer cette jeune fille... et allez m'attendre dans la lingerie.

— Contrefaite... intelligente... adroite ouvrière — dit la supérieure en réfléchissant — elle n'inspirerait aucun soupçon... il faut voir.

Au bout d'un instant, Florine rentra avec la Mayeux, qu'elle introduisit auprès de la supérieure, après quoi elle se retira discrètement.

La jeune ouvrière était émue, tremblante et profondément troublée, car elle ne pouvait pour ainsi dire croire à la découverte qu'elle venait de faire pendant l'absence de Florine.

Ce ne fut pas sans une vague frayeur que la Mayeux resta seule avec la supérieure du couvent de Sainte-Marie.

## CHAPITRE VII.

LA TENTATION.

Telle avait été la cause de la profonde émotion de la Mayeux :

Florine, en se rendant auprès de la supérieure, avait laissé la jeune ouvrière dans un couloir garni de banquettes et formant une sorte d'antichambre située au premier étage. Se trouvant seule, la Mayeux s'était approchée machinalement d'une fenêtre ouvrant sur le jardin du couvent, borné de ce côté par un mur à moitié démoli et terminé à l'une de ses extrémités par une clôture de planches à claire-voie. Ce mur, aboutissant à une chapelle en construction, était mitoyen avec le jardin d'une maison voisine.

La Mayeux avait tout à coup vu apparaître une jeune fille à l'une des croisées du rez-de-chaussée de cette maison, croisée grillée, d'ailleurs remarquable par une sorte d'auvent en forme de tente qui la surmontait. Cette jeune fille, les yeux fixés sur un des bâtiments du couvent, faisait de la main des signes qui semblaient à la fois encourageants et affectueux.

De la fenêtre où elle était placée, la Mayeux, ne pouvant voir à qui s'adressaient ces signes d'intelligence, admirait la rare beauté de cette jeune fille, l'éclat de son teint, le noir brillant de ses grands yeux, le doux et bienveillant sourire qui effleurait ses lèvres. On répondit sans doute à sa pantomime à la fois gracieuse et expressive, car, par un mouvement rempli de grâce, cette jeune fille, posant la main gauche sur son cœur, fit de sa main droite un geste qui semblait dire que son cœur s'en allait vers cet endroit qu'elle ne quittait pas des yeux.

Un pâle rayon de soleil, perçant les nuages,

vint se jouer à ce moment sur les cheveux de cette jeune fille, dont la blanche figure, alors presque collée aux barreaux de sa croisée, sembla, pour ainsi dire, tout à coup illuminée par les éblouissants reflets de sa splendide chevelure couleur d'or bruni.

A l'aspect de cette ravissante figure, encadrée de longues boucles d'admirables cheveux d'un roux doré, la Mayeux tressaillit... involontairement; la pensée de mademoiselle de Cardoville lui vint aussitôt à l'esprit, et elle se persuada (elle ne se trompait pas) qu'elle avait devant les yeux la protectrice d'Agricol.

En retrouvant là, dans cette sinistre maison d'aliénés, cette jeune fille si merveilleusement belle, en se souvenant de la bonté délicate avec laquelle elle avait quelques jours auparavant accueilli Agricol dans son petit palais éblouissant de luxe, la Mayeux sentit son cœur se briser. Elle croyait Adrienne folle... et pourtant, en l'examinant plus attentivement encore, il lui semblait que l'intelligence et la grâce animaient toujours cet adorable visage.

Tout à coup mademoiselle de Cardoville fit

un geste expressif, mit son doigt sur sa bouche, envoya deux baisers dans la direction de ses regards, et disparut subitement.

Songeant aux révélations si importantes qu'Agricol avait à faire à mademoiselle de Cardoville, la Mayeux regrettait d'autant plus amèrement de n'avoir aucun moyen, aucune possibilité de parvenir jusqu'à elle; car il lui semblait que si cette jeune fille était folle, elle se trouvait du moins dans un moment lucide.

La jeune ouvrière était plongée dans ces réflexions remplies d'inquiétudes, lorsqu'elle vit revenir Florine accompagnée d'une des religieuses du couvent. La Mayeux dut donc garder le silence sur la découverte qu'elle venait de faire, et se trouva bientôt en présence de la supérieure.

La supérieure, après un rapide et pénétrant examen de la physionomie de la jeune ouvrière, lui trouva l'air si timide, si doux, si honnête, qu'elle crut pouvoir ajouter complétement foi aux renseignements donnés par Florine.

— Ma chère fille — dit la mère Sainte-Perpétue d'une voix affectueuse — Florine m'a dit dans quelle cruelle situation vous vous trouviez... Il est donc vrai... vous manquez absolument de travail ?

— Hélas ! oui, madame.

— Appelez-moi votre mère... ma chère fille; ce nom est plus doux... et c'est la règle de cette maison... Je n'ai pas besoin de vous demander quels sont vos principes ?

— J'ai toujours vécu honnêtement de mon travail... ma mère — répondit la Mayeux avec une simplicité à la fois digne et modeste.

— Je vous crois, ma chère fille, et j'ai de bonnes raisons pour vous croire .. Il faut remercier le Seigneur de vous avoir mise à l'abri de bien des tentations; mais, dites-moi, êtes-vous habile dans votre état ?

— Je fais de mon mieux, ma mère; l'on a toujours été satisfait de mon travail... Si vous désirez d'ailleurs me mettre à l'œuvre, vous en jugerez.

— Votre affirmation me suffit, ma chère fille... Vous préférez, n'est-ce pas, aller travailler en journée ?

— Mademoiselle Florine m'a dit, ma mère, que je ne pouvais espérer avoir de travail chez moi.

— Pour l'instant, non, ma fille; si plus tard l'occasion se présentait... j'y songerais... Quant à présent, voici ce que je peux vous offrir : une vieille dame très-respectable m'a fait demander une ouvrière à la journée ; présentée par moi, vous lui convindrez ; l'œuvre se chargera de vous vêtir comme il faut, peu à peu l'on retiendra ce déboursé sur votre salaire, car c'est avec nous que vous compterez ;... ce salaire est de deux francs par jour,... vous paraît-il suffisant ?

— Ah! ma mère... c'est bien au-delà de ce que je pouvais espérer.

— Vous ne serez d'ailleurs occupée que de neuf heures du matin à six heures du soir... il vous restera donc encore quelques heures dont vous pourrez disposer. Vous le voyez, cette condition est assez douce, n'est-ce pas?

— Oh! bien douce, ma mère...

— Je dois, avant tout, vous dire chez qui l'œuvre aurait l'intention de vous employer... c'est chez une veuve nommée madame de

Brémont, personne remplie de solide piété ;... vous n'aurez, je l'espère, dans sa maison, que d'excellents exemples :... s'il en était autrement, vous viendriez m'en prévenir.

— Comment cela, ma mère? — dit la Mayeux avec surprise.

— Écoutez-moi bien, ma chère fille — dit mère Sainte-Perpétue d'un ton de plus en plus affectueux — l'œuvre de Sainte-Marie a un saint et double but... Vous comprenez, n'est-ce pas, que s'il est de notre devoir de donner aux maîtres toutes les garanties désirables sur la moralité des personnes que nous plaçons dans l'intérieur de leur famille, nous devons aussi donner aux personnes que nous plaçons toutes les garanties de moralité désirables sur les maîtres à qui nous les adressons?

— Rien n'est plus juste et d'une plus sage prévoyance, ma mère.

— N'est-ce pas, ma chère fille? car de même qu'une servante de mauvaise conduite peut porter un trouble fâcheux dans une famille respectable... de même aussi un maître ou une maîtresse de mauvaises mœurs peuvent avoir une dangereuse influence sur les personnes qui les servent ou qui vont travailler dans leur maison... Or c'est pour offrir une mutuelle garantie aux maîtres et aux serviteurs vertueux, que notre œuvre est fondée...

— Ah! madame... — dit naïvement la Mayeux — ceux qui ont eu cette pensée méritent la bénédiction de tous...

— Et les bénédictions ne leur manquent pas, ma chère fille, parce que l'œuvre tient ses promesses. Ainsi... une intéressante ouvrière... comme vous par exemple... est placée auprès de personnes irréprochables, selon nous; aperçoit-elle, soit chez ses maîtres, soit même chez les gens qui les fréquentent habituellement, quelque irrégularité de mœurs, quelque tendance irréligieuse qui blesse sa pudeur ou qui choque ses principes religieux, elle vient aussitôt nous faire une confidence détaillée de ce qui a pu l'alarmer... Rien de plus juste... n'est-il pas vrai?

— Oui, ma mère... — répondit timidement la Mayeux, qui commençait à trouver ces prévisions singulières.

— Alors — reprit la supérieure — si le cas

nous paraît grave, nous engageons notre protégée à observer plus attentivement encore, afin de bien se convaincre qu'elle avait raison de s'alarmer... Elle nous fait de nouvelles confidences, et si elles confirment nos premières craintes, fidèles à notre pieuse tutelle, nous retirons aussitôt notre protégée de cette maison peu convenable...Du reste, comme le plus grand nombre d'entre elles, malgré leur candeur et leur vertu, n'ont pas les lumières suffisantes pour distinguer ce qui peut nuire à leur âme, nous préférons, dans leur intérêt, que tous les huit jours elles nous confient, comme une fille le confierait à sa mère, soit de vive voix, soit par écrit, tout ce qui s'est passé durant la semaine dans les maisons où elles sont placées; alors nous avisons pour elles, soit en les y laissant, soit en les retirant. Nous avons déjà environ cent personnes, demoiselles de compagnie, de magasin, servantes ou ouvrières à la journée, placées selon ces conditions dans un grand nombre de familles, et, dans l'intérêt de tous, nous nous applaudissons chaque jour de cette manière de procéder... Vous me comprenez, n'est-ce pas, ma chère fille?

— Oui... oui... ma mère... — dit la Mayeux de plus en plus embarrassée; elle avait trop de droiture et de sagacité pour ne pas trouver que cette manière d'assurance mutuelle sur la moralité des maîtres et des serviteurs ressemblait à une sorte d'espionnage intime, d'espionnage du foyer domestique, organisé sur une vaste échelle et exécuté par les protégées de l'œuvre presque à leur insu, car il était en effet difficile de déguiser plus habilement à leurs yeux cette habitude de délation à laquelle on les dressait sans qu'elles s'en doutassent.

— Si je suis entrée dans ces longs détails, ma chère fille — reprit la mère Sainte-Perpétue, prenant le silence de la Mayeux pour un assentiment — c'est afin que vous ne vous croyiez pas obligée de rester malgré vous dans une maison où, contre notre attente, je vous le répète, vous ne trouveriez pas continuellement de saints et pieux exemples... Ainsi, la maison de madame de Bremont à laquelle je vous destine est une maison tout en Dieu...

Seulement on dit, et je ne veux pas le croire, que la fille de madame de Bremont, madame de Noisy, qui depuis peu de temps est venue habiter avec elle, n'est pas d'une conduite parfaitement exemplaire, qu'elle ne remplit pas exactement ses devoirs religieux, et qu'en l'absence de son mari, à cette heure en Amérique, elle reçoit des visites malheureusement trop assidues d'un M. Hardy, riche manufacturier.

Au nom du patron d'Agricol, la Mayeux ne put retenir un mouvement de surprise, et rougit légèrement.

La supérieure prit naturellement cette rougeur et ce mouvement pour une preuve de la pudibonde susceptibilité de la jeune ouvrière, et ajouta :

— J'ai dû tout vous dire, ma chère fille, afin que vous fussiez sur vos gardes. J'ai dû même vous entretenir de bruits que je crois complétement erronés, car la fille de madame de Bremont a eu sans cesse de trop bons exemples sous les yeux pour les oublier jamais... D'ailleurs, étant dans la maison matin au soir, mieux que personne vous serez à même de vous apercevoir si les bruits dont je vous parle sont faux ou fondés; si par malheur ils l'étaient, selon vous, alors, ma chère fille, vous viendriez me confier toutes les circonstances qui vous autorisent à le croire, et si je partageais votre opinion, je vous retirerais à l'instant de cette maison, parce que la sainteté de la mère ne compenserait pas suffisamment le déplorable exemple que vous offrirait la conduite de la fille... car, dès que vous faites partie de l'œuvre, je suis responsable de votre salut, et bien plus, dans le cas où votre susceptibilité vous obligerait à sortir de chez madame de Bremont, comme vous pourriez être quelque temps sans emploi, l'œuvre, si elle est satisfaite de votre zèle et de votre conduite, vous donnera un franc par jour jusqu'au moment où elle vous replacera... Vous voyez, ma chère fille, qu'il y a tout à gagner avec nous... Il est donc convenu que vous entrerez après-demain chez madame de Bremont.

La Mayeux se trouvait dans une position très-difficile : tantôt elle croyait ses premiers soupçons confirmés, et, malgré sa timidité, sa fierté se révoltait en songeant que, parce qu'on la savait misérable, on la croyait capable de se vendre comme espionne, moyennant un salaire élevé ; tantôt, au contraire, sa délicatesse naturelle répugnant à croire qu'une femme de l'âge et de la condition de la supérieure pût descendre à lui adresser une de ces propositions aussi infamantes pour celui qui l'accepte que pour celui qui la fait, elle se reprochait ses premiers doutes, se demandant si la supérieure avant de l'employer ne voulait pas, jusqu'à un certain point, l'éprouver, et voir si sa droiture s'élèverait au-dessus d'une offre relativement très-brillante.

La Mayeux était si naturellement portée à croire au bien, qu'elle s'arrêta à cette dernière pensée, se disant qu'après tout, si elle se trompait, ce serait pour la supérieure la manière la moins blessante de refuser ses offres indignes.

Par un mouvement qui n'avait rien de hautain, mais qui disait la conscience qu'elle avait de sa dignité, la jeune ouvrière relevant la tête, qu'elle avait jusqu'alors tenue humblement baissée, regarda la supérieure bien en face, afin que celle-ci pût lire sur ses traits la sincérité de ses paroles, et lui dit d'une voix légèrement émue et oubliant cette fois de dire : Ma mère :

— Ah! madame... je ne puis vous reprocher de me faire subir une pareille épreuve... vous me voyez bien misérable, et je n'ai rien fait qui puisse me mériter votre confiance; mais, croyez-moi, si pauvre que je sois, jamais je ne m'abaisserai à faire une action aussi méprisable que celle que vous êtes sans doute obligée de me proposer, afin de vous assurer par mon refus que je suis digne de votre intérêt. Non, non, madame, jamais, et à aucun prix, je ne serai capable d'une délation.

La Mayeux prononça ces derniers mots avec tant d'animation que son visage se colora légèrement.

La supérieure avait trop de tact et d'expérience pour ne pas reconnaître la sincérité des paroles de la Mayeux; s'estimant heureuse de voir la jeune fille prendre ainsi le change, elle lui sourit affectueusement et lui tendit les bras en disant :

— Bien, bien, ma chère fille... venez m'embrasser...

— Ma mère... je suis confuse... de tant de bontés.

— Non, car vos paroles sont remplies de droiture;... seulement persuadez-vous bien que je ne vous ai pas fait subir d'épreuve... parce qu'il n'y a rien qui ressemble moins à une délation que les marques de confiance filiale que nous demandons à nos protégées dans l'intérêt même de la moralité de leur condition;... mais certaines personnes, et, je le vois, vous êtes du nombre, ma chère fille, ont des principes assez arrêtés, une intelligence assez avancée, pour pouvoir se passer de notre surveillance, de nos conseils, et apprécier par elles-mêmes ce qui peut nuire à leur salut;... c'est donc une responsabilité que je vous laisserai tout entière, ne vous demandant d'autres confidences que celles que vous croirez devoir me faire volontairement.

— Ah! madame... que de bontés! — dit la pauvre Mayeux ignorant les mille ressources, les mille détours de l'esprit monacal, et se croyant déjà certaine de gagner honorablement un salaire équitable.

— Ce n'est pas de la bonté... c'est de la justice — reprit la mère Sainte-Perpétue, dont l'accent devenait de plus en plus affectueux — on ne saurait trop avoir de confiance et de tendresse envers de saintes filles comme vous, que la pauvreté a encore épurées, si cela peut se dire, parce qu'elles ont toujours fidèlement observé la loi du Seigneur.

— Ma mère...

— Une dernière question, ma chère fille, combien de fois par mois approchez-vous de la sainté table?

— Madame — reprit la Mayeux — je ne m'en suis pas approchée depuis ma première communion, que j'ai faite il y a huit ans. C'est à peine si en travaillant chaque jour et tout le jour je puis suffire à gagner ma vie, il ne me reste donc pas de loisir pour...

— Grand Dieu! — s'écria la supérieure en interrompant la Mayeux et joignant les mains avec tous les signes d'un douloureux étonnement — il serait vrai... vous ne pratiquez pas...

— Hélas, madame!... je vous l'ai dit, le temps me manque — reprit la Mayeux en regardant la mère Sainte-Perpétue d'un air interdit.

Après un moment de silence, celle-ci lui dit tristement :

— Vous me voyez désolée, ma chère fille... je vous l'ai dit : de même que nous ne plaçons nos protégées que dans des maisons pieuses, de même on nous demande des personnes pieuses et qui pratiquent; c'est une des conditions indispensables de l'œuvre... Ainsi, à mon grand regret, il m'est impossible de vous employer ainsi que je l'espérais... Cependant, si, par la suite, vous renonciez à une si grande indifférence à propos de vos devoirs religieux... alors nous verrions...

— Madame — dit la Mayeux le cœur gonflé de larmes, car elle était obligée de renoncer à une heureuse espérance — je vous demande pardon de vous avoir retenue si long-temps... pour rien.

— C'est moi, ma chère fille, qui regrette vivement de ne pouvoir vous attacher à l'œuvre;... mais je ne perds pas tout espoir... surtout parce que je désire voir une personne déjà digne d'intérêt, mériter un jour par sa piété l'appui durable des personnes religieuses... Adieu, ma chère fille... Allez en paix et que Dieu vous soit miséricordieux en attendant que vous soyez tout à fait revenue à lui...

Ce disant, la supérieure se leva et conduisit la Mayeux jusqu'à la porte, toujours avec les formes les plus douces et les plus maternelles; puis, au moment où la Mayeux dépassait le seuil, elle lui dit :

— Suivez le corridor, descendez quelques marches, frappez à la seconde porte à droite; c'est la lingerie : vous y trouverez Florine;... elle vous reconduira... Adieu, ma chère fille...

Dès que la Mayeux fut sortie de chez la supérieure, ses larmes, jusqu'alors contenues, coulèrent abondamment; n'osant pas paraître ainsi éplorée devant Florine et quelques religieuses sans doute rassemblées dans la lingerie, elle s'arrêta un moment auprès d'une des fenêtres du corridor pour essuyer ses yeux noyés de pleurs.

Elle regardait machinalement la croisée de

la maison voisine du couvent où elle avait cru reconnaître Adrienne de Cardoville, lorsqu'elle vit celle-ci sortir d'une porte et s'avancer rapidement vers la clôture à claire-voie qui séparait les deux jardins...

Au même instant, à sa profonde stupeur, la Mayeux vit une des deux sœurs dont la disparition désespérait Dagobert, Rose Simon, pâle, chancelante, abattue, s'approcher avec crainte et inquiétude de la claire-voie qui la séparait de mademoiselle de Cardoville, comme si l'orpheline eût redouté d'être aperçue...

## CHAPITRE VIII.

LA MAYEUX ET MADEMOISELLE DE CARDOVILLE.

La Mayeux émue, attentive, inquiète, penchée à l'une des fenêtres du couvent, suivait des yeux les mouvements de mademoiselle de Cardoville et de Rose Simon, qu'elle s'attendait si peu à retrouver réunies dans cet endroit.

L'orpheline, s'approchant tout à fait de la claire-voie qui séparait le jardin de la communauté de celui de la maison du docteur Baleinier, dit quelques mots à Adrienne, dont les traits exprimèrent tout à coup l'étonnement, l'indignation et la pitié.

A ce moment une religieuse accourut en regardant de côté et d'autre comme si elle eût cherché quelqu'un avec inquiétude; puis apercevant Rose, qui, timide et craintive, se serrait contre la claire-voie, elle la saisit par le bras, eut l'air de lui faire de graves reproches, et, malgré quelques vives paroles que mademoiselle de Cardoville sembla lui adresser, la religieuse emmena rapidement l'orpheline, qui, éplorée, se retourna deux ou trois fois vers Adrienne; celle-ci, après lui avoir encore témoigné de son intérêt par des gestes expressifs, se retourna brusquement, comme si elle eût voulu cacher ses larmes.

Le corridor où se tenait la Mayeux pendant cette scène touchante était situé au premier étage, l'ouvrière eut la pensée de descendre au rez-de-chaussée, de tâcher de s'introduire dans le jardin, afin de parler à cette belle jeune fille aux cheveux d'or, de bien s'assurer qu'elle était mademoiselle de Cardoville, et alors, si elle la croyait dans un moment lucide, de lui apprendre qu'Agricol avait à lui communiquer des choses du plus grand intérêt, mais qu'il ne savait comment l'en instruire.

La journée s'avançait, le soleil allait bientôt se coucher ; la Mayeux, craignant que Florine ne se lassât de l'attendre, se hâta d'agir ; marchant d'un pas léger, prêtant l'oreille de temps à autre avec inquiétude, elle gagna l'extrémité du corridor ; là un petit escalier de trois ou quatre marches conduisait au palier de la lingerie, puis, formant une spirale étroite, aboutissait à l'étage inférieur.

L'ouvrière, entendant des voix, se hâta de descendre, et se trouva dans un long corridor du rez-de-chaussée vers le milieu duquel s'ouvrait une porte vitrée donnant sur une partie du jardin réservée à la supérieure.

Une allée, bordée d'un côté par une haute charmille de buis, pouvant protéger la Mayeux contre les regards, elle s'y glissa et arriva jusqu'à la clôture en claire-voie qui à cet endroit séparait le jardin du couvent de celui de la maison du docteur Baleïnier.

A quelques pas d'elle, l'ouvrière vit mademoiselle de Cardoville assise et accoudée sur un banc rustique.

La fermeté du caractère d'Adrienne avait été un moment ébranlée par la fatigue, par le saisissement, par l'effroi, par le désespoir, lors de cette nuit terrible où elle s'était vue conduite dans la maison de fous du docteur Baleinier; enfin celui-ci, profitant avec une astuce diabolique de l'état d'affaiblissement, d'accablement, où se trouvait la jeune fille, était même parvenu à la faire un instant douter d'elle-même.

Mais le calme qui succède forcément aux émotions les plus pénibles, les plus violentes; mais la réflexion, mais le raisonnement d'un esprit juste et fin, rassurèrent bientôt Adrienne sur les craintes que le docteur Baleinier avait un instant pu lui inspirer. Elle ne crut même pas à une *erreur* du savant docteur; elle lut clairement dans la conduite de cet homme, conduite d'une détestable hypocrisie et d'une rare audace, servie par une non moins rare habileté; trop tard enfin elle reconnut dans M. Baleinier un aveugle instrument de madame de Saint-Dizier.

Dès lors, elle se renferma dans un silence, dans un calme remplis de dignité; pas une plainte, pas un reproche ne sortirent de sa bouche... elle attendit... Pourtant, quoiqu'on lui laissât une assez grande liberté de promenade et d'actions (en la privant toutefois de toute communication avec le dehors), la situation présente d'Adrienne était dure, pénible, surtout pour elle, si amoureuse d'un harmonieux et charmant entourage. Elle sentait néanmoins que cette situation ne pouvait durer long-temps. Elle ignorait l'action et la surveillance des lois; mais le simple bon sens lui disait qu'une séquestration de quelques jours, adroitement appuyée sur des apparences de dérangement d'esprit plus ou moins plausibles, pouvait, à la rigueur, être tentée et même impunément exécutée; mais à la condition de ne pas se prolonger au delà de certaines limites, parce qu'après tout une jeune fille de sa condition ne disparaissait pas brusquement du monde, sans qu'au bout d'un certain temps l'on ne s'en informât; et alors un prétendu accès de folie soudaine donnait lieu à de sérieuses investigations. Juste ou fausse, cette conviction avait suffi pour redonner au caractère d'Adrienne son ressort et son énergie accoutumés.

Cependant, elle s'était quelquefois en vain demandé la cause de cette séquestration ; elle connaissait trop madame de Saint-Dizier pour la croire capable d'agir sans un but arrêté et d'avoir seulement voulu lui causer un tourment passager... En cela mademoiselle de Cardoville ne se trompait pas ; le père d'Aigrigny et la princesse étaient persuadés qu'Adrienne, plus instruite qu'elle ne voulait le paraître, savait combien il lui importait de se trouver, le 13 février, rue Saint-François, et qu'elle était résolue à faire valoir ses droits. En faisant enfermer Adrienne comme folle, ils portaient donc un coup funeste à son avenir ; mais disons que cette dernière précaution était inutile, car Adrienne, quoique sur la voie du secret de famille qu'on avait voulu lui cacher, et dont on la croyait informée, ne l'avait pas entièrement pénétré, faute de quelques pièces cachées ou égarées.

Quel que fût le motif de la conduite odieuse des ennemis de mademoiselle de Cardoville, elle n'en était pas moins révoltée.

Rien n'était moins haineux, moins avide de vengeance que cette généreuse jeune fille ; mais en songeant à tout ce que madame de Saint-Dizier, l'abbé d'Aigrigny et le docteur Baleinier lui faisaient souffrir, elle se promettait non des représailles, mais d'obtenir, par tous les moyens possibles, une réparation éclatante. Si on la lui refusait, elle était décidée à poursuivre, à combattre sans repos ni trêve tant d'astuce, tant d'hypocrisie, tant de cruauté, non par ressentiment de ses douleurs, mais pour épargner les mêmes tourments à d'autres victimes, qui ne pourraient, comme elle, lutter et se défendre.

Adrienne, sans doute encore sous la pénible impression que venait de lui causer son entrevue avec Rose Simon, s'accoudait languissamment sur l'un des supports du banc rustique où elle était assise, et tenait ses yeux cachés sous sa main gauche. Elle avait déposé son chapeau à ses côtés, et la position inclinée de sa tête ramenait sur ses joues fraîches et polies, qu'ils cachaient presque entièrement, les longues boucles de ses cheveux d'or. Dans cette attitude penchée, remplie de grâce et d'abandon, le charmant et riche contour de sa taille se dessinait sous sa robe de moire d'un vert d'émail; un large col fixé par un nœud de satin rose et des manchettes plates en guipure magnifique empêchaient que la couleur de sa robe tranchât trop vivement sur l'éblouissante blancheur de son cou de cygne et de ses mains raphaélesques, imperceptiblement veinées de petits sillons d'azur ; sur son coude-pied, très-haut et très-nettement détaché, se croisaient les minces cothurnes d'un petit soulier de satin noir, car le docteur Baleinier lui avait permis de s'habiller avec son goût habituel ; et nous l'avons dit, la recherche, l'élégance n'était pas pour Adrienne coutume de coquetterie, mais devoir envers elle-même, que Dieu s'était complu à faire si belle.

A l'aspect de cette jeune fille, dont elle admira naïvement la mise et la tournure charmante, sans retour amer sur les haillons qu'elle portait, et sur sa difformité à elle, pauvre ouvrière, la Mayeux se dit tout d'abord avec autant de bon sens que de sagacité, qu'il était extraordinaire qu'une folle se vêtît si *sagement* et si gracieusement ; aussi ce fut avec autant de surprise que d'émotion qu'elle s'approcha doucement de la claire-voie qui la séparait d'Adrienne ; réfléchissant, néanmoins, que peut-être cette infortunée était véritablement insensée, mais qu'elle se trouvait dans un jour lucide.

Alors, d'une voix timide, mais assez élevée pour être entendue, la Mayeux, afin de s'assurer de l'identité d'Adrienne, dit avec un grand battement de cœur :

— Mademoiselle de Cardoville !

— Qui m'appelle ? — dit Adrienne.

Puis redressant vivement la tête, et apercevant la Mayeux, elle ne put retenir un léger cri de surprise, presque d'effroi...

En effet, cette pauvre créature, pâle, difforme, misérablement vêtue, lui apparaissant ainsi brusquement, devait inspirer à mademoiselle de Cardoville, si amoureuse de la grâce et de la beauté, une sorte de répugnance, de frayeur... Et ces deux sentiments se trahirent sur sa physionomie expressive.

La Mayeux ne s'aperçut pas de l'impression qu'elle causait ;... immobile, les yeux fixes, les mains jointes avec une sorte d'admiration ou plutôt d'adoration profonde, elle contemplait l'éblouissante beauté d'Adrienne qu'elle avait seulement entrevue à travers le grillage de sa croisée ; ce que lui avait dit

Agricol du charme de sa protectrice lui paraissait mille fois au-dessous de la réalité; jamais la Mayeux, même dans ses secrètes aspirations de poète, n'avait rêvé une si rare perfection.

Par un rapprochement singulier, l'aspect du beau idéal jetait dans une sorte de divine extase ces deux jeunes filles si dissemblables, ces deux types extrêmes de laideur et de beauté, de richesse et de misère.

Après cet hommage pour ainsi dire involontaire, rendu à Adrienne, la Mayeux fit un nouveau pas vers la claire-voie.

— Que voulez-vous?..

S'écria mademoiselle de Cardoville en se levant avec un sentiment de répulsion, qui ne put échapper à la Mayeux; aussi baissant timidement les yeux, celle-ci dit de sa voix la plus douce :

— Pardon, mademoiselle, de me présenter ainsi devant vous; mais les moments sont précieux,... je viens de la part... d'Agricol...

En prononçant ces mots, la jeune ouvrière releva les yeux avec inquiétude, craignant que mademoiselle de Cardoville n'eût oublié le nom du forgeron; mais, à sa grande surprise et à sa plus grande joie, l'effroi d'Adrienne sembla diminuer au nom d'Agricol.

Elle se rapprocha de la claire-voie, et regarda la Mayeux avec une curiosité bienveillante.

— Vous venez de la part de monsieur Agricol Baudoin! — lui dit-elle. — Et qui êtes-vous?

— Sa sœur adoptive... mademoiselle... une pauvre ouvrière qui demeure dans sa maison...

Adrienne parut rassembler ses souvenirs, se rassurer tout à fait, et dit en souriant avec bonté, après un moment de silence:

— C'est vous qui avez engagé M. Agricol à s'adresser à moi pour sa caution, n'est-ce pas?

— Comment, mademoiselle? vous vous souvenez...

— Je n'oublie jamais ce qui est généreux et noble. M. Agricol m'a parlé avec attendrissement de votre dévouement pour lui;... je m'en souviens... rien de plus simple... Mais comment êtes-vous ici, dans ce couvent?

— On m'avait dit que peut-être l'on m'y

procurerait de l'occupation, car je me trouve sans ouvrage. Malheureusement j'ai éprouvé un refus de la part de la supérieure.

— Et comment m'avez-vous reconnue?

— A votre grande beauté, mademoiselle... dont Agricol m'avait parlé.

— Ne m'avez-vous pas plutôt reconnue... à ceci?

Dit Adrienne; et, souriant, elle prit du bout de ses doigts rosés l'extrémité d'une des longues et soyeuses boucles de ses cheveux dorés.

— Il faut pardonner à Agricol, mademoiselle — dit la Mayeux avec un de ces demi-sourires qui effleuraient si rarement ses lèvres, — il est poète, et en me faisant, avec une respectueuse admiration, le portrait de sa protectrice... il n'a omis aucune de ses rares perfections.

— Et qui vous a donné l'idée de venir me parler?

— L'espoir de pouvoir peut-être vous servir, mademoiselle. Vous avez accueilli Agricol avec tant de bonté, que j'ai osé partager sa reconnaissance envers vous...

— Osez, osez, ma chère enfant — dit

Adrienne avec une grâce indéfinissable — ma récompense sera double... quoique jusqu'ici je n'aie pu être utile que d'intention à votre digne frère adoptif.

Pendant l'échange de ces paroles, Adrienne et la Mayeux s'étaient tour à tour regardées avec une surprise croissante.

D'abord la Mayeux ne comprenait pas qu'une femme qui passait pour folle s'exprimât comme s'exprimait Adrienne; puis elle s'étonnait elle-même de la liberté ou plutôt de l'aménité d'esprit avec laquelle elle venait de répondre à mademoiselle de Cardoville, ignorant que celle-ci partageait ce précieux privilége des natures élevées et bienveillantes : — de mettre en valeur tout ce qui les approche avec sympathie.

De son côté, mademoiselle de Cardoville était à la fois profondément émue et étonnée d'entendre cette jeune fille du peuple, vêtue comme une mendiante, s'exprimer en termes choisis avec un à-propos parfait. A mesure qu'elle considérait la Mayeux, l'impression désagréable que celle-ci lui avait fait éprouver se transformait en un sentiment tout contraire. Avec ce tact de rapide et minutieuse observation naturelle aux femmes, elle remarquait, sous le mauvais bonnet de crêpe noir de la Mayeux, une belle chevelure châtaine, lisse et brillante. Elle remarquait encore que ses mains blanches, longues et maigres, quoique sortant des manches d'une robe en guenilles, étaient d'une netteté parfaite; preuve que le soin, la propreté, le respect de soi luttaient du moins contre une horrible détresse. Adrienne trouvait enfin dans la pâleur des traits mélancoliques de la jeune ouvrière, dans l'expression à la fois intelligente, douce et timide de ses yeux bleus, un charme touchant et triste, une dignité modeste qui faisaient oublier sa difformité.

Adrienne aimait passionnément la beauté physique; mais elle avait l'esprit trop supérieur, l'âme trop noble, le cœur trop sensible, pour ne pas savoir apprécier la beauté morale qui rayonne souvent sur une figure humble et souffrante. Seulement, cette appréciation était toute nouvelle pour mademoiselle de Cardoville; jusqu'alors sa haute fortune, ses habitudes élégantes l'avaient tenue éloignée des personnes de la classe de la Mayeux.

Après un moment de silence, pendant lequel la belle patricienne et l'ouvrière misérable s'étaient mutuellement examinées avec une surprise croissante, Adrienne dit à la Mayeux :

— La cause de notre étonnement à toutes deux est, je crois, facile à deviner ; vous trouvez sans doute que je parle assez raisonnablement pour une folle, si l'on vous a dit que je l'étais. Et moi — ajouta mademoiselle de Cardoville d'un ton de commisération pour ainsi dire respectueuse — et moi je trouve que la délicatesse de votre langage et de vos manières contraste si douloureusement avec la position où vous semblez être, que ma surprise doit encore surpasser la vôtre.

— Ah! mademoiselle — s'écria la Mayeux avec une expression de bonheur tellement sincère et profond, que ses yeux se voilèrent de larmes de joie — il est donc vrai! On m'avait trompée : aussi tout à l'heure en vous voyant si belle, si bienveillante, en entendant votre voix si douce, je ne pouvais croire qu'un tel malheur vous eût frappée... Mais, hélas!

comment se fait-il, mademoiselle, que vous soyez ici?

— Pauvre enfant! — dit Adrienne tout émue de l'affection que lui témoignait cette excellente créature. — Et comment se fait-il qu'avec tant de cœur, qu'avec un esprit si distingué vous soyez si malheureuse! Mais, rassurez-vous, je ne serai pas toujours ici... c'est vous dire que vous et moi reprendrons bientôt la place qui nous convient... Croyez-moi, je n'oublierai jamais que malgré la pénible préoccupation où vous deviez être en vous voyant privée de travail, votre seule ressource, vous avez songé à venir à moi... pour tâcher de m'être utile;... vous pouvez, en effet, me servir beaucoup :... ce qui me ravit, parce que je vous devrai beaucoup... Aussi vous verrez combien j'abuserai de ma reconnaissance, dit Adrienne avec un sourire adorable.

— Mais — reprit-elle — avant de penser à moi, pensons aux autres; votre frère adoptif n'est-il pas en prison?

— A cette heure, sans doute, mademoiselle, il n'y est plus, grâce à la générosité d'un de ses camarades; son père a pu aller hier offrir une caution, et on lui a promis qu'aujourd'hui il serait libre... Mais, de sa prison, il m'avait écrit qu'il avait les choses les plus importantes à vous révéler.

— A moi?

— Oui, mademoiselle... Agricol sera, je l'espère, libre aujourd'hui. Par quels moyens pourra-t-il vous en instruire?

— Il a des révélations à me faire, à moi! — répéta mademoiselle de Cardoville d'un air surpris et pensif. — Je cherche en vain ce que cela peut être; mais tant que je serai enfermée dans cette maison, privée de toute communication avec le dehors, M. Agricol ne peut songer à s'adresser directement ou indirectement à moi; il doit donc attendre que je sois hors d'ici; ce n'est pas tout, il faut aussi arracher de ce couvent deux pauvres enfants bien plus à plaindre que moi... Les filles du maréchal Simon sont retenues ici malgré elles.

— Vous savez leur nom, mademoiselle!

— M. Agricol, en m'apprenant leur arrivée à Paris, m'avait dit qu'elles avaient quinze ans et qu'elles se ressemblaient d'une manière frappante... Aussi, lorsqu'avant-hier, faisant ma promenade accoutumée, j'ai remarqué deux pauvres petites figures éplorées venir de temps à autre se coller aux croisées des cellules qu'elles habitent séparément, l'une au rez-de-chaussée, l'autre au premier étage, un secret pressentiment m'a dit que je voyais en elles les orphelines dont M. Agricol m'avait parlé et qui déjà m'intéressaient vivement, car elles sont mes parentes.

— Elles, vos parentes, mademoiselle?

— Sans doute... Aussi, ne pouvant faire plus, j'avais tâché de leur exprimer par signes combien leur sort me touchait; leurs larmes, l'altération de leurs charmants visages me disaient assez qu'elles étaient prisonnières dans le couvent comme je le suis moi-même dans cette maison.

— Ah! je comprends, mademoiselle... victime de l'animosité de votre famille peut-être?...

— Quel que soit mon sort, je suis bien moins à plaindre que ces deux enfants... dont le désespoir est alarmant... Leur séparation est surtout ce qui les accable davantage; d'après quelques mots que l'une d'elles m'a dits tout à l'heure, je vois qu'elles sont comme moi victimes d'une odieuse machination... Mais, grâce à vous... il sera possible de les sauver. Depuis que je suis dans cette maison, il m'a été impossible, je vous l'ai dit, d'avoir la moindre communication avec le dehors... On ne m'a laissé ni plume ni papier, il m'est donc impossible d'écrire. Maintenant, écoutez-moi attentivement et nous pourrons combattre une odieuse persécution.

— Oh! parlez! parlez, mademoiselle!

— Le soldat qui a amené les orphelines en France, le père de M. Agricol, est ici?

— Oui, mademoiselle... Ah! si vous saviez son désespoir, sa fureur, lorsqu'à son retour il n'a pas retrouvé les enfants qu'une mère mourante lui avait confiés!

— Il faut surtout qu'il se garde d'agir avec la moindre violence, tout serait perdu... Prenez cette bague — et Adrienne tira une bague de son doigt — remettez-la-lui... Il ira aussitôt... Mais êtes-vous sûre de vous rappeler un nom et une adresse?

— Oh! oui, mademoiselle... soyez tranquille; Agricol m'a dit votre nom une seule fois... je ne l'ai pas oublié, le cœur a sa mémoire.

— Je le vois, ma chère enfant... Rappelez-vous donc le nom du comte de Montbron...

— Le comte de Montbron... je ne l'oublierai pas.

— C'est un de mes bons vieux amis; il demeure place Vendôme, n° 7.

— Place Vendôme, n° 7... Je retiendrai cette adresse.

— Le père de M. Agricol ira chez lui ce soir; s'il n'y est pas, il l'attendra jusqu'à son retour. Alors il demandera à le voir de ma part, en lui faisant remettre cette bague pour preuve de ce qu'il avance; une fois auprès de lui, il lui dira tout, l'enlèvement des jeunes filles, l'adresse du couvent où elles sont retenues; il ajoutera que je suis moi-même renfermée comme folle dans la maison de santé du docteur Baleinier... La vérité a un accent que M. de Montbron reconnaîtra... C'est un homme d'infiniment d'expérience et d'esprit, dont l'influence est grande; à l'instant il s'occupera des démarches nécessaires, et demain ou après-demain, j'en suis certaine, ces pauvres orphelines et moi nous serons libres... cela... grâce à vous. Mais les moments sont précieux, on pourrait nous surprendre... Hâtez-vous, ma chère enfant...

Puis, au moment de se retirer, Adrienne dit à la Mayeux, avec un sourire si touchant et avec un accent si pénétré, si affectueux, qu'il fut impossible à l'ouvrière de ne pas le croire sincère :

— M. Agricol m'a dit que je vous valais par le cœur... Je comprends maintenant tout ce qu'il y avait pour moi d'honorable... de flatteur dans ses paroles... Je vous en prie... donnez-moi vite votre main... — ajouta mademoiselle de Cardoville, dont les yeux devinrent humides; puis, passant sa main charmante à travers deux des ais de la claire-voie, elle la tendit à la Mayeux.

Les mots et le geste de la belle patricienne furent empreints d'une cordialité si vraie, que l'ouvrière, sans fausse honte, mit en tremblant dans la ravissante main d'Adrienne sa pauvre main amaigrie...

Alors mademoiselle de Cardoville, par un

mouvement de pieux respect, la porta spontanément à ses lèvres en disant :

— Puisque je ne puis vous embrasser comme ma sœur, vous qui me sauvez... que je baise au moins cette noble main glorifiée par le travail.

Tout à coup, des pas se firent entendre dans le jardin du docteur Baleinier ; Adrienne se redressa brusquement et disparut derrière des arbres verts, en disant à la Mayeux :

— Courage, souvenir... et espoir !

Tout ceci s'était passé si rapidement, que la jeune ouvrière n'avait pu faire un pas; des larmes, mais des larmes cette fois bien douces, coulaient abondamment sur ses joues pâles.

Une jeune fille comme Adrienne de Cardoville la traiter de sœur, lui baiser la main, et se dire fière de lui ressembler par le cœur; à elle, pauvre créature végétant au plus profond de l'abîme de la misère : c'était montrer un sentiment de fraternelle égalité aussi divin que la parole évangélique.

Il est des mots, des impressions qui font

oublier à une belle âme des années de souffrances, et qui semblent, par un éclair fugitif, lui révéler à elle-même sa propre grandeur; il en fut ainsi de la Mayeux : grâce à de généreuses paroles, elle eut un moment la conscience de sa valeur... Et quoique ce ressentiment fût aussi rapide qu'ineffable, elle joignit les mains et leva les yeux au ciel avec une expression de fervente reconnaissance ; car si l'ouvrière ne *pratiquait* pas, pour nous servir de l'argot ultramontain, personne plus qu'elle n'était douée de ce sentiment profondément, sincèrement religieux, qui est au dogme ce que l'immensité des cieux étoilés est au plafond d'une église

. . . . . . . . . . . . . . . . . .

Cinq minutes après avoir quitté mademoiselle de Cardoville, la Mayeux, sortant du jardin sans être aperçue, était remontée au premier étage et frappait discrètement à la porte de la lingerie.

Une sœur vint lui ouvrir.

— Mademoiselle Florine, qui m'a amenée, n'est-elle pas ici, ma sœur? — demanda-t-elle.

— Elle n'a pu vous attendre plus longtemps ; vous venez sans doute de chez madame notre mère la supérieure?

— Oui... oui, ma sœur... — répondit l'ouvrière en baissant les yeux — auriez-vous la bonté de me dire par où je dois sortir?

— Venez avec moi...

La Mayeux suivit la sœur, tremblant à chaque pas de rencontrer la supérieure, qui se fût à bon droit étonnée et informée de la cause de son long séjour dans le couvent.

Enfin la première porte du couvent se referma sur la Mayeux.

Après avoir traversé rapidement la vaste cour, s'approchant de la loge du portier, afin de demander qu'on lui ouvrît la porte extérieure, l'ouvrière entendit ces mots prononcés d'une voix rude :

— Il paraît, mon vieux Jérôme, qu'il faudra cette nuit redoubler de surveillance... Quant à moi, je vas mettre deux balles de plus dans mon fusil ; madame la supérieure a ordonné de faire deux rondes au lieu d'une...

— Moi, Nicolas, je n'ai pas besoin de fusil

— dit l'autre voix — j'ai ma faux bien aiguisée, bien tranchante, emmanchée à revers... C'est une arme de jardinier ; elle n'en est pas plus mauvaise.

Involontairement inquiète de ces paroles, qu'elle n'avait pas cherché à entendre, la Mayeux s'approcha de la loge du concierge et demanda le cordon.

— D'où venez-vous comme ça ? — dit le portier en sortant à demi de sa loge, tenant à la main un fusil à deux coups qu'il s'occupait de charger, et en examinant l'ouvrière d'un regard soupçonneux.

— Je viens de parler à madame la supérieure — répondit timidement la Mayeux.

— Bien vrai ?.. — dit brutalement Nicolas — c'est que vous m'avez l'air d'une mauvaise pratique ;... enfin, c'est égal... filez, et plus vite que ça.

La porte cochère s'ouvrit, la Mayeux sortit.

A peine elle avait fait quelques pas dans la rue qu'à sa grande surprise elle vit Rabat-Joie accourir à elle,... et plus loin, derrière lui, Dagobert arrivant aussi précipitamment.

La Mayeux allait au-devant du soldat, lorsqu'une voix pleine et sonore, criant de loin :

— Eh ! ma bonne Mayeux ! — fit retourner la jeune fille...

Du côté opposé à celui où venait Dagobert, elle vit accourir Agricol.

## CHAPITRE IX.

LES RENCONTRES.

A la vue de Dagobert et d'Agricol, la Mayeux était restée stupéfaite à quelques pas de la porte du couvent.

Le soldat n'apercevait pas encore l'ouvrière; il s'avançait rapidement, suivant Rabat-Joie, qui, bien que maigre, efflanqué, hérissé, crotté, semblait frétiller de plaisir et tournait de temps à autre sa tête intelligente vers son maître, auprès duquel il était retourné après avoir caressé la Mayeux.

— Oui, oui, je t'entends, mon pauvre vieux — disait le soldat avec émotion — tu es plus fidèle que moi;... toi, tu ne les as pas abandonnées une minute, mes chères enfants; tu les as suivies;... tu auras attendu jour et nuit, sans manger... à la porte de la maison où on les a conduites, et, à la fin, lassé de ne pas les voir sortir... tu es accouru au logis me chercher... Oui, pendant que je me désespérais comme un fou furieux... tu faisais ce que j'aurais dû faire... tu découvrais leur retraite... Qu'est-ce que cela prouve? que les bêtes valent mieux que les hommes? C'est connu... Enfin... je vais les revoir;... quand je pense que c'est demain le 13, et que sans toi, mon vieux Rabat-Joie... tout était perdu... j'en ai le frisson... Ah çà, arrivons-nous bientôt?... Quel quartier désert!... et la nuit approche...

Dagobert avait tenu ce *discours* à Rabat-Joie tout en marchant et en tenant les yeux fixés sur son brave chien, qui marchait d'un bon pas... Tout à coup, voyant le fidèle animal le quitter encore en bondissant, il leva la tête et aperçut à quelques pas de lui Rabat-Joie faisant de nouveau fête à la Mayeux et à Agricol, qui venaient de se rejoindre à quelques pas de la porte du couvent.

— La Mayeux!... — s'étaient écriés le père

et le fils à la vue de la jeune ouvrière, en s'approchant d'elle et la regardant avec une surprise profonde.

— Bon espoir! monsieur Dagobert — dit-elle avec une joie impossible à rendre — Rose et Blanche sont retrouvées...

Puis, se retournant vers le forgeron :

— Bon espoir! Agricol... mademoiselle de Cardoville n'est pas folle... je viens de la voir...

— Elle n'est pas folle! quel bonheur! — dit le forgeron.

— Les enfants!! — s'écria Dagobert en prenant dans ses mains tremblantes d'émotion les mains de la Mayeux. — Vous les avez vues!

— Oui, tout à l'heure... bien tristes... bien désolées... mais je n'ai pu leur parler.

— Ah! — dit Dagobert en s'arrêtant comme suffoqué par cette nouvelle, et portant ses deux mains à sa poitrine — je n'aurais jamais cru que mon vieux cœur pût battre si fort.

Et pourtant... grâce à mon chien, je m'attendais presque à ce qui arrive;... mais c'est égal... j'ai... comme un éblouissement de joie...

— Brave... père, tu vois, la journée est bonne — dit Agricol en regardant l'ouvrière avec reconnaissance.

— Embrassez-moi, ma digne et chère fille — ajouta le soldat en serrant la Mayeux dans ses bras avec effusion; puis, dévoré d'impatience, il ajouta : — Allons vite chercher les enfants.

— Ah! ma bonne Mayeux — dit Agricol ému — tu rends le repos, peut-être la vie à mon père... Et mademoiselle de Cardoville... comment sais-tu?

— Un bien grand hasard... Et toi-même... comment te trouves-tu là?

— Rabat-Joie s'arrête et il aboie — s'écria Dagobert, qui avait déjà fait quelques pas précipitamment.

En effet, le chien, aussi impatient que son maître de revoir les orphelines, mais mieux instruit que lui sur le lieu de leur retraite, était allé se poster à la porte du couvent, d'où il se mit à aboyer afin d'attirer l'attention de Dagobert.

Celui-ci comprit son chien, et dit à la Mayeux en lui faisant un geste indicatif :

— Les enfants sont là ?

— Oui, monsieur Dagobert.

— J'en étais sûr... Brave chien... Oh ! oui, les bêtes valent mieux que les hommes ; sauf vous, ma bonne Mayeux, qui valez mieux que les hommes et les bêtes... Enfin... ces pauvres petites... je vais les voir... les avoir...

Ce disant, Dagobert, malgré son âge, se mit à courir pour rejoindre Rabat-Joie.

— Agricol — s'écria la Mayeux — empêche ton père de frapper à cette porte... il perdrait tout.

En deux bonds le forgeron atteignit son père. Celui-ci allait mettre la main sur le marteau de la porte.

— Mon père, ne frappe pas — s'écria le forgeron en saisissant le bras de Dagobert.

— Que diable me dis-tu là ?...

— La Mayeux dit qu'en frappant... vous perdriez tout.

— Comment ?...

— Elle va vous l'expliquer.

En effet, la Mayeux, moins alerte qu'Agricol, arriva bientôt, et dit au soldat :

— Monsieur Dagobert, ne restons pas devant cette porte; on pourrait l'ouvrir, nous voir; cela donnerait des soupçons ; suivons plutôt le mur...

— Des soupçons!.. — dit le vétéran tout surpris, mais sans s'éloigner de la porte — quels soupçons?

— Je vous en conjure... ne restez pas là... — dit la Mayeux avec tant d'instance, qu'Agricol, se joignant à elle, dit à son père :

— Mon père... puisque la Mayeux dit cela... c'est qu'elle a ses raisons; écoutons-la... Le boulevard de l'Hôpital est à deux pas, il n'y passe personne; nous pourrons parler sans être interrompus.

— Que le diable m'emporte si je comprends un mot à tout ceci! — s'écria Dagobert, mais toujours sans quitter la porte. — Ces enfants sont là, je les prends, je les emmène... c'est l'affaire de dix minutes.

— Oh! ne croyez pas cela... monsieur Dagobert — dit la Mayeux — c'est bien plus difficile que vous ne pensez... Mais venez...

venez. Entendez-vous?... on parle dans la cour.

En effet, on entendit un bruit de voix assez élevé.

— Viens... viens, mon père... — dit Agricol en entraînant le soldat presque malgré lui.

Rabat-Joie, paraissant très-surpris de ces hésitations, aboya deux ou trois fois, sans abandonner son poste, comme pour protester contre cette humiliante retraite; mais à un appel de Dagobert, il se hâta de rejoindre le corps d'armée.

Il était alors cinq heures du soir, il faisait grand vent; d'épaisses nuées grises et pluvieuses couraient sur le ciel. Nous l'avons dit, le boulevard de l'Hôpital, qui limitait à cet endroit le jardin du couvent, n'était presque pas fréquenté. Dagobert, Agricol et la Mayeux purent donc tenir solitairement conseil dans cet endroit écarté.

Le soldat ne dissimulait pas la violente impatience que lui causaient ces tempéraments; aussi, à peine l'angle de la rue fut-il tourné, qu'il dit à la Mayeux :

— Voyons, ma fille, expliquez-vous... je suis sur des charbons ardents.

— La maison où sont renfermées les filles du maréchal Simon... est un couvent... monsieur Dagobert.

— Un couvent! — s'écria le soldat — je devais m'en douter... — puis il ajouta : — Eh bien, après! j'irai les chercher dans un couvent comme ailleurs. Une fois n'est pas coutume.

— Mais, monsieur Dagobert, elles sont enfermées là contre leur gré, contre le vôtre; on ne vous les rendra pas.

— On ne me les rendra pas: ah! mordieu, nous allons voir ça...

Et il fit un pas vers la rue.

— Mon père — dit Agricol en le retenant — un moment de patience, écoutez la Mayeux.

— Je n'écoute rien... Comment! ces enfants sont là... à deux pas de moi... je le sais... et je ne les aurais pas, de gré ou de force, à l'instant même? ah! pardieu! ce serait curieux! Laissez-moi.

— Monsieur Dagobert, je vous en supplie,

écoutez-moi — dit la Mayeux en prenant l'autre main de Dagobert — il y a un autre moyen d'avoir ces pauvres demoiselles. Et cela, sans violence; mademoiselle de Cardoville me l'a bien dit, la violence perdrait tout...

— S'il y a un autre moyen... à la bonne heure... vite... voyons le moyen.

— Voici une bague que mademoiselle de Cardoville...

— Qu'est-ce que c'est que mademoiselle de Cardoville ?

— Mon père, c'est cette jeune personne remplie de générosité qui voulait être ma caution... et à qui j'ai des choses si importantes à dire...

— Bon, bon — reprit Dagobert — tout à l'heure nous parlerons de cela... Eh bien, ma bonne Mayeux, cette bague?

— Vous allez la prendre, monsieur Dagobert, vous irez aussitôt trouver M. le comte de Montbron, place Vendôme, n° 7. C'est un homme, à ce qu'il paraît, très-puissant; il est ami de mademoiselle de Cardoville, cette bague lui prouvera que vous venez de sa part. Vous lui direz qu'elle est retenue comme folle dans une maison de santé voisine de ce couvent, et que dans ce couvent sont renfermées, contre leur gré, les filles du maréchal Simon.

— Bien... ensuite... ensuite?

— Alors M. le comte de Montbron fera, auprès de personnes haut placées, les démarches nécessaires pour faire rendre la liberté à mademoiselle de Cardoville et aux filles du général Simon, et peut-être... demain ou après-demain...

— Demain ou après-demain! — s'écria Dagobert — peut-être!! mais c'est aujourd'hui, à l'instant, qu'il me les faut... Après-demain... et peut-être encore... il serait bien temps... Merci toujours, ma bonne Mayeux, mais gardez votre bague... J'aime mieux faire mes affaires moi-même... Attends-moi là, mon garçon.

— Mon père... que voulez-vous faire?.. — s'écria Agricol en retenant encore le soldat — c'est un couvent... pensez donc!

— Tu n'es qu'un conscrit; je connais ma théorie du couvent sur le bout de mon doigt. En Espagne, je l'ai pratiquée cent fois... Voilà ce qui va arriver... je frappe, une tourière ouvre, elle me demande ce que je veux; je ne réponds pas; elle veut m'arrêter; je passe; une fois dans le couvent, j'appelle mes enfants de toutes mes forces, en le parcourant du haut en bas.

—Mais, monsieur Dagobert, les religieuses! — dit la Mayeux en tâchant toujours de retenir Dagobert.

— Les religieuses se mettent à mes trousses et me poursuivent en criant comme des pies dénichées; je connais ça. A Séville, j'ai été repêcher de la sorte une Andalouse que des béguines retenaient de force. Je les laisse crier; je parcours donc le couvent en appelant Rose et Blanche... Elles m'entendent, me répondent; si elles sont renfermées, je prends la première chose venue et j'enfonce leur porte.

— Mais, monsieur Dagobert, les religieuses... les religieuses?

— Les religieuses avec leurs cris ne m'empêchent pas d'enfoncer la porte, de prendre mes enfants dans mes bras et de filer; si on a refermé la porte de dehors, second enfoncement... Ainsi — ajouta Dagobert en se dégageant des mains de la Mayeux — attendez-moi là ; dans dix minutes je suis ici... Va toujours chercher un fiacre, mon garçon.

Plus calme que Dagobert et surtout plus instruit que lui en matière de Code pénal, Agricol fut effrayé des conséquences que pouvait avoir l'étrange façon de procéder du vétéran. Aussi, se jetant au-devant de lui, il s'écria :

— Je t'en supplie, un mot encore...

— Mordieu! voyons, dépêche-toi.

— Si tu veux pénétrer de force dans le couvent, tu perdras tout!

— Comment?

— D'abord, monsieur Dagobert — dit la Mayeux — il y a des hommes dans le couvent:... en sortant, tout à l'heure, j'ai vu le portier qui chargeait son fusil, le jardinier parlait d'une faux aiguisée et de rondes qu'ils faisaient la nuit...

— Je me moque pas mal d'un fusil de portier et de la faux d'un jardinier.

— Soit, mon père; mais, je t'en conjure, écoute-moi un moment encore : Tu frappes, n'est-ce pas? la porte s'ouvre, le portier te demande ce que tu veux...

— Je dis que je veux parler à la supérieure... et je file dans le couvent.

— Mais, mon Dieu, monsieur Dagobert — dit la Mayeux — une fois la cour traversée, on arrive à une seconde porte fermée par un guichet ; là une religieuse vient voir qui sonne, et n'ouvre que lorsqu'on lui a dit l'objet de la visite qu'on veut faire.

— Je lui répondrai... je veux voir la supérieure.

— Alors, mon père, comme tu n'es pas un habitué du couvent on ira prévenir la supérieure.

— Bon... après ?

— Elle viendra.

— Après ?..

— Elle vous demandera ce que vous voulez, monsieur Dagobert.

— Ce que je veux... mordieu... mes enfants !..

— Encore une minute de patience, mon père... Tu ne peux douter, d'après les précautions que l'on a prises, que l'on ne veuille retenir là mesdemoiselles Simon malgré elles, malgré toi.

13.

— Je n'en doute pas... j'en suis sûr... c'est pour en arriver là qu'ils ont tourné la tête de ma pauvre femme...

— Alors, mon père, la supérieure te répondra qu'elle ne sait pas ce que tu veux dire, et que mesdemoiselles Simon ne sont pas au couvent.

— Et je lui dirai, moi, qu'elles y sont; témoin la Mayeux, témoin Rabat-Joie.

— La supérieure te dira qu'elle ne te connaît pas, qu'elle n'a pas d'explications à te donner... et elle refermera son guichet.

— Alors j'enfonce la porte,... tu vois bien qu'il faut toujours en arriver là...Laisse-moi... mordieu! laisse-moi...

— Et le portier, à ce bruit, à cette violence, court chercher la garde, on arrive, et l'on commence par t'arrêter.

— Et vos pauvres enfants... que deviennent-elles alors, monsieur Dagobert! — dit la Mayeux.

Le père d'Agricol avait trop de bon sens pour ne pas sentir toute la justesse des observations de son fils et de la Mayeux; mais il savait aussi qu'il fallait qu'à tout prix les orphelines fussent libres avant le lendemain. Cette alternative était terrible, si terrible, que, portant ses deux mains à son front brûlant, Dagobert tomba assis sur un banc de pierre, comme anéanti par l'inexorable fatalité de sa position.

Agricol et la Mayeux, profondément touchés de ce muet désespoir, échangèrent un triste regard. Le forgeron, s'asseyant à côté du soldat, lui dit :

— Mais, mon père, rassure-toi donc ;... songe à ce que la Mayeux vient de te dire :... en allant avec cette bague de mademoiselle de Cardoville chez ce monsieur qui est très-influent, tu le vois, ces demoiselles peuvent être libres demain... suppose même, au pis-aller, qu'elles ne te soient rendues qu'après-demain...

— Tonnerre et sang ! vous voulez donc me rendre fou ! — s'écria Dagobert en bondissant sur son banc et en regardant son fils et la Mayeux avec une expression si sauvage, si désespérée, qu'Agricol et l'ouvrière se reculèrent avec autant de surprise que d'inquiétude.

— Pardon, mes enfants — dit Dagobert en revenant à lui après un long silence — j'ai tort de m'emporter, car nous ne pouvons nous entendre... Ce que vous dites est juste... et pourtant, moi, j'ai raison de parler comme je parle... Écoutez-moi... tu es un honnête homme, Agricol; vous, une honnête fille, la Mayeux... Ce que je vais vous dire est pour vous seuls... J'ai amené ces enfants du fond de la Sibérie, savez-vous pourquoi? Pour qu'elles se trouvent demain matin rue Saint-François... Si elles ne s'y trouvent pas, j'ai trahi le dernier vœu de leur mère mourante.

— Rue Saint-François, n° 3 — s'écria Agricol en interrompant son père.

— Oui... comment sais-tu ce numéro? — dit Dagobert.

— Cette date ne se trouve-t-elle pas sur une médaille en bronze?

— Oui... — reprit Dagobert de plus en plus étonné. — Qui t'a dit cela?

— Mon père... un instant... — s'écria Agricol. — Laissez-moi réfléchir... je crois deviner;... oui... et toi, ma bonne Mayeux, tu m'as dit que mademoiselle de Cardoville n'était pas folle...

— Non... on la retient malgré elle... dans cette maison, sans la laisser communiquer avec personne;... elle a ajouté qu'elle se croyait, ainsi que les filles du maréchal Simon, victime d'une odieuse machination.

— Plus de doute — s'écria le forgeron — je comprends tout maintenant... mademoiselle de Cardoville a le même intérêt que mesdemoiselles Simon à se trouver demain rue Saint-François... et elle l'ignore peut-être.

— Comment?

— Encore un mot, ma bonne Mayeux... mademoiselle de Cardoville t'a-t-elle dit qu'elle avait un intérêt puissant à être libre demain?

— Non... car, en me donnant cette bague pour le comte de Montbron, elle m'a dit: Grâce à lui, demain ou après-demain, moi et les filles du maréchal Simon nous serons libres...

— Mais explique-toi donc — dit Dagobert à son fils avec impatience.

— Tantôt — reprit le forgeron — lorsque

tu es venu me chercher à la prison, mon père, je t'ai dit que j'avais un devoir sacré à remplir et que je te rejoindrais à la maison...

— Oui... et j'ai été de mon côté tenter de nouvelles démarches dont je vous parlerai tout à l'heure.

— J'ai couru tout de suite au pavillon de la rue de Babylone, ignorant que mademoiselle de Cardoville fût folle ou du moins passât pour folle... un domestique m'ouvre et me dit que cette demoiselle a éprouvé un soudain accès de folie... Tu conçois, mon père, quel coup cela me porte... je demande où elle est, et on me répond qu'on n'en sait rien ; je demande si je peux parler à quelqu'un de ses parents. Comme ma blouse n'inspirait pas grande confiance, on me répond qu'il n'y a ici personne de sa famille... j'étais désolé ; une idée me vient... je me dis : elle est folle, son médecin doit savoir où on l'a conduite ; si elle est en état de m'entendre, il me conduira auprès d'elle ; sinon, à défaut de ses parents, je parlerai à son médecin ; souvent, un médecin, c'est un ami... Je demande donc à ce domestique s'il pourrait m'indiquer le médecin de mademoiselle de Cardoville. On me donne son adresse sans difficultés : M. le docteur Baleinier, rue Taranne, 12. J'y cours, il était sorti ; mais on me dit chez lui que sur les cinq heures je le trouverais sans doute à sa maison de santé : cette maison est voisine du couvent... voilà pourquoi nous nous sommes rencontrés.

— Mais cette médaille... cette médaille — dit Dagobert impatiemment — où l'as-tu vue ?

— C'est à propos de cela et d'autres choses encore que j'avais écrites à la Mayeux que je désirais faire à mademoiselle de Cardoville des révélations importantes...

— Et ces révélations ?

— Voici, mon père : j'étais allé chez elle le jour de votre départ, pour la prier de me fournir une caution ; on m'avais suivi ; elle l'apprend par une de ses femmes de chambre ; pour me mettre à l'abri de l'arrestation, elle me fait conduire dans une cachette de son pavillon ; c'était une sorte de petite pièce voûtée qui ne recevait de jour que par un conduit fait comme une cheminée ; au bout de quelques instants j'y voyais très-clair.

N'ayant rien de mieux à faire qu'à regarder autour de moi, je regarde; les murs étaient recouverts de boiseries ; l'entrée de cette cachette se composait d'un panneau glissant sur des coulisses de fer, au moyen de contrepoids et d'engrenages compliqués admirablement travaillés ; c'est mon état ; ça m'intéressait, je me mets à examiner ces ressorts avec curiosité malgré mes inquiétudes ; je me rendais bien compte de leur jeu, mais il y avait un bouton de cuivre dont je ne pouvais trouver l'emploi ; j'avais beau le tirer à moi, à droite où à gauche, rien dans les ressorts ne fonctionnait. Je me dis : ce bouton appartient sans doute à un autre mécanisme ; alors l'idée me vient, au lieu de le tirer à moi, de le pousser fortement ; aussitôt j'entends un petit grincement, et je vois tout à coup, au-dessus de l'entrée de la cachette, un panneau de deux pieds carrés s'abaisser de la boiserie comme la tablette d'un secrétaire ; ce panneau était façonné en sorte de boîte ; comme j'avais sans doute poussé le ressort trop brusquement, la secousse fit tomber par terre une petite médaille en bronze avec sa chaîne.

— Où tu as vu l'adresse... de la rue Saint-François? — s'écria Dagobert.

— Oui, mon père, et, avec cette médaille, était tombée par terre une grande enveloppe cachetée... En la ramassant, j'ai lu, pour ainsi dire malgré moi, en grosse écriture : —
— *Pour mademoiselle de Cardoville. Elle doit prendre connaissance de ces papiers à l'instant même où ils lui seront remis.* — Puis, au-dessous de ces mots, je vois les initiales *R.* et *C.*, accompagnées d'un paraphe et de cette date : *Paris, 12 novembre 1830.* — Je retourne l'enveloppe, je vois, sur deux cachets qui la scellaient, les mêmes initiales *R.* et *C.*, surmontées d'une couronne.

— Et ces cachets étaient intacts? — demanda la Mayeux.

— Parfaitement intacts.

— Plus de doute, alors; mademoiselle de Cardoville ignorait l'existence de ces papiers — dit l'ouvrière.

— Ç'a été ma première idée; puisqu'il lui était recommandé d'ouvrir tout de suite cette enveloppe, et que, malgré cette recommandation, qui datait de près de deux ans, les cachets étaient restés intacts.

— C'est évident — dit Dagobert — et alors qu'as-tu fait?

— J'ai replacé le tout dans le secret, me promettant d'en prévenir mademoiselle de Cardoville; mais, quelques instants après, on est entré dans la cachette qui avait été découverte; je n'ai plus revu mademoiselle de Cardoville; j'ai seulement pu dire à une de ses femmes de chambre quelques mots à double entente sur ma trouvaille, espérant que cela donnerait l'éveil à sa maîtresse... enfin aussitôt qu'il m'a été possible de t'écrire, ma bonne Mayeux, je l'ai fait pour te prier d'aller trouver mademoiselle de Cardoville...

— Mais cette médaille... — dit Dagobert — est pareille à celle que les filles du général Simon possèdent, comment cela se fait-il?

— Rien de plus simple, mon père... je me le rappelle maintenant; mademoiselle de Cardoville est leur parente, elle me l'a dit.

— Elle... parente de Rose et de Blanche?

— Oui, sans doute — ajouta la Mayeux; — elle me l'a dit aussi tout à l'heure.

— Eh bien, maintenant — reprit Dagobert en regardant son fils avec angoisse — comprends-tu que je veuille avoir mes enfants aujourd'hui même? Comprends-tu, ainsi que me l'a dit leur pauvre mère en mourant, qu'un jour de retard peut tout perdre? Comprends-tu enfin que je ne peux pas me contenter d'un *peut-être demain*... quand je viens du fond de la Sibérie avec ces enfants... pour les conduire demain rue Saint-François?... Comprends-tu enfin qu'il me les faut aujourd'hui, quand je devrais mettre le feu au couvent!

— Mais mon père, encore une fois, la violence...

— Mais, mordieu, sais-tu ce que le commissaire de police m'a répondu ce matin, quand j'ai été lui renouveler ma plainte contre le confesseur de ta pauvre mère? — Qu'il n'y a aucune preuve; que l'on ne pouvait rien faire.

— Mais maintenant il y a des preuves, mon père, ou du moins on sait où sont les jeunes filles... Avec cette certitude on est bien fort... Sois tranquille. La loi est plus puissante que toutes les supérieures de couvent du monde.

— Et le comte de Montbron, à qui mademoiselle de Cardoville vous prie de vous adresser — dit la Mayeux — n'est-il pas un homme puissant ! Vous lui direz pour quelles raisons il est si important que ces demoiselles soient en liberté ce soir, ainsi que mademoiselle de Cardoville... qui, vous le voyez, a aussi un grand intérêt à être libre demain... Alors, certainement, le comte de Montbron hâtera les démarches de la justice, et, ce soir... vos enfants vous seront rendues.

— La Mayeux a raison, mon père... Va chez le comte; moi je cours chez le commissaire, lui dire que l'on sait maintenant où sont retenues ces jeunes filles. Toi, ma bonne Mayeux, retourne à la maison nous attendre, n'est-ce pas, mon père!... donnons-nous rendez-vous chez nous ?

Dagobert était resté pensif; tout à coup il dit à Agricol :

— Soit. — Je suivrai vos conseils... Mais suppose que le commissaire te dise : on ne peut pas agir avant demain. Suppose que le comte de Montbron me dise la même chose... Crois-tu que je resterai les bras croisés jusqu'à demain matin ?

— Mon père...

— Il suffit — reprit le soldat d'une voix brève — je m'entends... Toi, mon garçon, cours chez le commissaire... Vous, ma bonne Mayeux, allez nous attendre; moi, je vais chez le comte... Donnez-moi la bague. Maintenant l'adresse?

— Place Vendôme, 7, le comte de Montbron,... vous venez de la part de mademoiselle de Cardoville — dit la Mayeux.

— J'ai bonne mémoire — dit le soldat; — ainsi le plus tôt possible à la rue Brise-Miche.

— Oui, mon père; bon courage... tu verras que la loi défend et protége les honnêtes gens...

— Tant mieux — dit le soldat — parce que sans cela les honnêtes gens seraient obligés de se protéger et de se défendre eux-mêmes... Ainsi, mes enfants, à bientôt, rue Brise-Miche. . . . . . . . . . . . . . . . . . . .
. . . . . . . . . . . . . . . . . . . . .

Lorsque Dagobert, Agricol et la Mayeux se séparèrent, la nuit était complétement venue.

## CHAPITRE X.

LES RENDEZ-VOUS.

Il est huit heures du soir, la pluie fouette les vitres de la chambre de Françoise Baudoin, rue Brise-Miche, tandis que de violentes rafales de vent ébranlent la porte et les fenêtres mal closes. Le désordre et l'incurie de cette modeste demeure, ordinairement tenue avec tant de soin, témoignent de la gravité des tristes événements qui ont bouleversé des existences jusqu'alors si paisibles dans leur obscurité.

Le sol carrelé est souillé de boue, une épaisse couche de poussière a envahi les meubles naguère reluisants de propreté. Depuis que Françoise a été emmenée par le commissaire, le lit n'a pas été fait; la nuit, Dagobert s'y est jeté tout habillé pendant quelques heures, lorsque épuisé de fatigue, brisé de désespoir, il rentrait après de nouvelles et vaines tentatives pour découvrir la retraite de Rose et de Blanche. Sur la commode une bouteille, un verre, quelques débris de pain dur prouvent la frugalité du soldat, réduit, pour toutes ressources, à l'argent du prêt que le Mont-de-Piété avait fait sur les objets portés en gage par la Mayeux, après l'arrestation de Françoise.

A la pâle lueur d'une chandelle placée sur le petit poêle de fonte, alors froid comme le marbre, car la provision de bois est depuis long-temps épuisée, on voit la Mayeux, assise et sommeillant sur une chaise, la tête penchée sur sa poitrine, ses mains cachées sous son tablier d'indienne et ses talons appuyés sur le dernier barreau de la chaise; de temps à autre elle frissonne sous ses vêtements humides.

Après cette journée de fatigues, d'émotions si diverses, la pauvre créature n'avait pas mangé (y eût-elle songé, qu'elle n'avait pas de pain chez elle); attendant le retour de Dagobert et d'Agricol, elle cédait à une somnolence agitée, hélas! bien différente d'un calme et bon sommeil réparateur. De temps à autre, la Mayeux, inquiète, ouvrait à demi les yeux, regardait autour d'elle; puis, de nouveau vaincue par un irrésistible besoin de repos, sa tête retombait sur sa poitrine.

Au bout de quelques minutes de silence, seulement interrompu par le bruit du vent, un pas lent et pesant se fit entendre sur le palier.

La porte s'ouvrit.

Dagobert entra suivi de Rabat-Joie.

Éveillée en sursaut, la Mayeux redressa vivement la tête, se leva, alla rapidement vers le père d'Agricol et lui dit:

— Eh bien, monsieur Dagobert... avez-vous de bonnes nouvelles... avez-vous...

La Mayeux ne put continuer, tant elle fut frappée de la sombre expression des traits du soldat; absorbé dans ses réflexions, il ne sembla d'abord pas apercevoir l'ouvrière, se jeta sur une chaise avec accablement, mit ses

14.

coudes sur la table et cacha sa figure dans ses mains.

Après une assez longue méditation, il se leva et dit à mi-voix :

Il le faut... il le faut... Faisant alors quelques pas dans la chambre, Dagobert regarda autour de lui comme s'il eût cherché quelque chose ; enfin, après une minute d'examen, avisant auprès du poêle une barre de fer de deux pieds environ, servant à enlever le couvercle de fonte de ce calorifère lorsqu'il était trop brûlant, il la prit, la considéra attentivement, la soupesa, puis la posa sur la commode d'un air satisfait.

La Mayeux, surprise du silence prolongé de Dagobert, suivait ses mouvements avec une curiosité timide et inquiète ; bientôt sa surprise fit place à l'effroi lorsqu'elle vit le soldat prendre son havresac déposé sur une chaise, l'ouvrir et en retirer une paire de pistolets de poche dont il fit jouer les batteries avec précaution.

Saisie de frayeur, l'ouvrière ne put s'empêcher de s'écrier :

— Mon Dieu !.. monsieur Dagobert... que voulez-vous faire ?

Le soldat regarda la Mayeux comme s'il l'apercevait seulement pour la première fois, et lui dit d'une voix cordiale mais brusque :

— Bonsoir, ma bonne fille... Quelle heure est-il ?

— Huit heures... viennent de sonner à Saint-Merry, monsieur Dagobert.

— Huit heures... — dit le soldat en se parlant à lui même — seulement huit heures !!

Et posant les pistolets à côté de la barre de fer, il parut réfléchir de nouveau en jetant les yeux autour de lui.

— Monsieur Dagobert — se hasarda de dire la Mayeux — vous n'avez donc pas de bonnes nouvelles ?..

— Non...

Ce seul mot fut dit par le soldat d'un ton si bref, que la Mayeux, n'osant pas l'interroger davantage, alla se rasseoir en silence. Rabat-Joie vint appuyer sa tête sur les genoux de la jeune fille, et suivit aussi curieusement qu'elle-même tous les mouvements de Dagobert.

Celui-ci, après être resté de nouveau pensif pendant quelques moments, s'approcha du lit, y prit un drap, parut en mesurer et en supputer la longueur, puis il dit à la Mayeux en se retournant vers elle :

— Des ciseaux...

— Mais, monsieur Dagobert...

— Voyons... ma bonne fille... des ciseaux — reprit Dagobert d'un ton bienveillant, mais qui annonçait qu'il voulait être obéi.

L'ouvrière prit des ciseaux dans le panier à ouvrage de Françoise et les présenta au soldat.

— Maintenant, tenez l'autre bout du drap, ma fille, et tendez-le ferme...

En quelques minutes Dagobert eut fendu le drap dans sa longueur en quatre morceaux, qu'il tordit ensuite très-serré, de façon à en faire des espèces de cordes, fixant de loin en loin, au moyen de rubans de fil que lui donna l'ouvrière, la *torsion* qu'il avait imprimée au linge ; de ces quatre tronçons, solidement noués les uns au bout des autres, Dagobert fit une corde de vingt pieds au moins. Cela ne lui suffisait pas; car il dit, en se parlant à lui-même :

— Maintenant il me faudrait un crochet...
Et il chercha de nouveau autour de lui.

La Mayeux, de plus en plus effrayée, car elle ne pouvait plus douter des projets de Dagobert, lui dit timidement :

— Mais, monsieur Dagobert... Agricol n'est pas encore rentré;... s'il tarde autant... c'est que sans doute il a de bonnes nouvelles...

— Oui — dit le soldat avec amertume en cherchant toujours des yeux autour de lui l'objet qui lui manquait — de bonnes nouvelles dans le genre des miennes... — Et il ajouta : — Il me faudrait pourtant un fort grappin de fer...

En furetant de côté et d'autre, le soldat trouva un des gros sacs de toile grise à la couture desquels travaillait Françoise. Il le prit, l'ouvrit, et dit à la Mayeux :

— Ma fille, mettez là-dedans la barre de fer et la corde; ce sera plus commode à transporter... là-bas...

— Grand Dieu! — s'écria la Mayeux en

obéissant à Dagobert — vous partirez sans attendre Agricol, monsieur Dagobert... lorsqu'il a peut-être de bonnes choses à vous apprendre?..

— Soyez tranquille, ma fille... j'attendrai mon garçon... je ne peux partir d'ici qu'à dix heures... J'ai le temps...

— Hélas, monsieur Dagobert! vous avez donc perdu tout espoir?

— Au contraire... j'ai bon espoir... mais en moi...

Et ce disant, Dagobert tordait la partie supérieure du sac, de manière à le fermer, puis il le plaça sur la commode à côté de ses pistolets.

— Au moins vous attendrez Agricol, monsieur Dagobert?

— Oui... s'il arrive avant dix heures...

— Ainsi, mon Dieu! vous êtes bien décidé...

— Très-décidé... — Et pourtant, si j'étais assez simple pour croire aux *porte-malheur*....

— Quelquefois, monsieur Dagobert, les présages ne trompent pas — dit la Mayeux ne songeant qu'à détourner le soldat de sa dangereuse résolution.

— Oui — reprit Dagobert — les bonnes femmes disent cela... et quoique je ne sois pas une bonne femme, ce que j'ai vu tantôt... m'a serré le cœur... Après tout, j'aurai pris sans doute un mouvement de colère pour un pressentiment...

— Et qu'avez-vous donc vu?

— Je peux vous raconter cela, ma bonne fille... Ça nous aidera à passer le temps... et il me dure, allez... — Puis s'interrompant : — Est-ce que ce n'est pas une demie qui vient de sonner?

— Oui, monsieur Dagobert; c'est huit heures et demie.

— Encore une heure et demie — dit Dagobert d'une voix sourde — puis il ajouta : — Voici ce que j'ai vu... Tantôt, en passant dans une rue, je ne sais laquelle, mes yeux ont été machinalement attirés par une énorme affiche rouge en tête de laquelle on voyait une panthère noire dévorant un cheval blanc... A cette vue, mon sang n'a fait qu'un tour; parce que vous saurez, ma bonne Mayeux, qu'une panthère noire a dévoré un pauvre cheval blanc que j'avais, le compagnon de Rabat-Joie que voilà... et qu'on appelait Jovial...

A ce nom, autrefois si familier pour lui, Rabat-Joie, couché aux pieds de la Mayeux, releva brusquement la tête et regarda Dagobert.

— Voyez-vous... les bêtes ont de la mémoire, il se le rappelle — dit le soldat en soupirant lui-même à ce souvenir. — Puis, s'adressant à son chien :

— Tu t'en souviens donc, de Jovial?

En entendant de nouveau ce nom prononcé par son maître d'une voix émue, Rabat-Joie hogna et jappa doucement comme pour affirmer qu'il n'avait pas oublié son vieux camarade de route.

— En effet, monsieur Dagobert — dit la Mayeux — c'est un triste rapprochement que de retrouver en tête de cette affiche cette panthère noire dévorant un cheval.

— Ce n'est rien que cela, vous allez voir le reste. Je m'approche de cette affiche et je lis que le nommé Morok, arrivant d'Allemagne, fera voir dans un théâtre différents animaux féroces qu'il a domptés, et entre autres un lion superbe, un tigre, et une panthère noire de Java, nommée la *Mort*.

— Ce nom fait peur — dit la Mayeux.

— Et il vous fera plus peur encore, mon enfant, quand vous saurez que cette panthère est la même qui a étranglé mon cheval près de Leipsick il y a quatre mois.

— Ah! mon Dieu... vous avez raison, monsieur Dagobert — dit la Mayeux — c'est effrayant!

— Attendez encore — dit Dagobert, dont les traits s'assombrissaient de plus en plus — ce n'est pas tout... c'est à cause de ce nommé Morok, le maître de cette panthère, que moi et mes pauvres enfants nous avons été emprisonnés à Leipsick.

— Et ce méchant homme est à Paris!... et il vous en veut! — dit la Mayeux — oh! vous avez raison... monsieur Dagobert... il faut prendre garde à vous, c'est un mauvais présage...

— Oui... pour ce misérable... si je le rencontre — dit Dagobert d'une voix sourde —

car nous avons de vieux comptes à régler ensemble...

— Monsieur Dagobert — s'écria la Mayeux en prêtant l'oreille — quelqu'un monte en courant, c'est le pas d'Agricol... il a de bonnes nouvelles... j'en suis sûre...

— Voilà mon affaire — dit vivement le soldat sans répondre à la Mayeux, Agricol est forgeron... il me trouvera le crochet de fer qu'il me faut.

Quelques instants après, Agricol entrait en effet; mais, hélas!... du premier coup d'œil l'ouvrière put lire sur la physionomie atterrée de l'ouvrier la ruine des espérances dont elle s'était bercée...

— Eh bien... — dit Dagobert à son fils, d'un ton qui annonçait clairement le peu de foi qu'il avait dans le succès des démarches tentées par Agricol — eh bien !... quoi de nouveau?

— Ah, mon père! c'est à en devenir fou, c'est à se briser la tête contre les murs — s'écria le forgeron avec emportement.

Dagobert se tourna vers la Mayeux, et lui dit :

— Vous voyez, ma pauvre fille... j'en étais sûr...

— Mais vous, mon père — s'écria Agricol — vous avez vu le comte de Montbron?

— Le comte de Montbron est, depuis trois jours, parti pour la Lorraine... Voilà mes bonnes nouvelles — répondit le soldat avec une ironie amère — voyons les tiennes... raconte-moi tout; j'ai besoin d'être bien convaincu qu'en s'adressant à la justice, qui, comme tu le disais tantôt, défend et protége toujours les honnêtes gens, il est des occasions où elle les laisse à la merci des gueux... Oui, j'ai besoin de ça... et puis après d'un crochet... et j'ai compté sur toi... pour les deux choses.

— Que veux-tu dire, mon père?

— Raconte d'abord tes démarches... nous avons le temps... huit heures et demie viennent seulement de sonner tout à l'heure... Voyons : en me quittant, où es-tu allé?

— Chez le commissaire qui avait déjà reçu votre déposition.

— Que t'a-t-il dit?

— Après avoir très-obligeamment écouté

ce dont il s'agissait, il m'a répondu : Ces jeunes filles sont, après tout, placées dans une maison très-respectable... dans un couvent... il n'y a donc pas urgence de les enlever de là... et, d'ailleurs, je ne puis prendre sur moi de violer un domicile religieux sur votre simple déposition ; demain je ferai mon rapport à qui de droit, et l'on avisera plus tard.

— Plus tard... vous voyez, toujours des remises — dit le soldat.

— Mais, monsieur, lui ai-je répondu — reprit Agricol — c'est à l'instant, c'est ce soir, cette nuit même, qu'il faut agir ; car si ces jeunes filles ne se trouvent pas demain matin rue Saint-François, elles peuvent éprouver un dommage incalculable... — C'est très-fâcheux — m'a répondu le commissaire ; — mais, encore une fois, je ne peux, sur votre simple déclaration, ni sur celle de votre père, qui, pas plus que vous, n'est parent ou allié de ces jeunes personnes, me mettre en contravention formelle avec les lois, qu'on ne violerait pas même sur la demande d'une famille. La justice a ses lenteurs et ses formalités auxquelles il faut se soumettre.

— Certainement — dit Dagobert — il faut s'y soumettre, au risque de se montrer lâche, traître et ingrat...

— Et lui as-tu aussi parlé de mademoiselle de Cardoville? — demanda la Mayeux.

— Oui, mais il m'a, à ce sujet, répondu de même :... c'était fort grave; je faisais une déposition, il est vrai, mais je n'apportais aucune preuve à l'appui de ce que j'avançais. — « Une tierce personne vous a assuré que » mademoiselle de Cardoville affirmait n'être » pas folle — m'a dit le commissaire — cela » ne suffit pas, tous les fous prétendent n'être » pas fous; je ne puis donc non plus violer » le domicile d'un médecin respectable sur » votre seule déclaration. Néanmoins je la » reçois, j'en rendrai compte. Mais il faut que » la loi ait son cours...

— Lorsque, tantôt, je voulais agir — dit sourdement Dagobert — est-ce que je n'avais pas prévu tout cela? pourtant j'ai été assez faible pour vous écouter!

— Mais, mon père, ce que tu voulais tenter était impossible... et tu t'exposais à de trop dangereuses conséquences, tu en es convenu.

— Ainsi — reprit le soldat sans répondre à son fils — on t'a formellement dit, positivement dit, qu'il ne fallait pas songer à obtenir légalement ce soir ou même demain matin, que Rose et Blanche me soient rendues ?

— Non, mon père, il n'y a pas urgence aux yeux de la loi, la question ne pourra être décidée avant deux ou trois jours.

— C'est tout ce que je voulais savoir — dit Dagobert en se levant et en marchant de long en large dans la chambre.

— Pourtant — reprit son fils — je ne me suis pas tenu pour battu. Désespéré, ne pouvant croire que la justice pût demeurer sourde à des réclamations si équitables... j'ai couru au Palais-de-Justice... espérant que peut-être là... je trouverais un juge... un magistrat qui accueillerait ma plainte et y donnerait suite...

— Eh bien ? — dit le soldat en s'arrêtant.

— On m'a dit que le parquet du procureur du roi était tous les jours fermé à cinq heures et ouvert à dix heures ; pensant à votre désespoir, à la position de cette pauvre mademoiselle de Cardoville, je voulus tenter encore une démarche; je suis entré dans un poste de troupes de ligne commandé par un lieutenant... Je lui ai tout dit; il m'a vu si ému, je lui parlais avec tant de chaleur, tant de conviction, que je l'ai intéressé...

— Lieutenant — lui disais-je — accordez-moi seulement une grâce; qu'un sous-officier et deux hommes se rendent au couvent afin d'en obtenir l'entrée légale. On demandera à voir les filles du maréchal Simon; on leur laissera le choix de rester ou de rejoindre mon père, qui les a amenées de Russie... et l'on verra si ce n'est pas contre leur gré qu'on les retient.

— Et que t'a-t-il répondu, Agricol? — demanda la Mayeux pendant que Dagobert haussant les épaules continuait sa promenade.

— Mon garçon — m'a-t-il dit — ce que vous me demandez là est impossible; je conçois vos raisons, mais je ne peux pas prendre sur moi une mesure aussi grave. Entrer de force dans un couvent, il y a de quoi me faire casser. — Mais alors, monsieur, que faut-il faire? c'est à en perdre la tête. — Ma foi, je n'en sais rien. Le plus sûr est d'attendre... —

me dit le lieutenant... — Alors, mon père, croyant avoir fait humainement ce qu'il était possible de faire, je suis revenu,... espérant que tu aurais été plus heureux que moi; malheureusement je me suis trompé.

Ce disant, le forgeron, accablé de fatigue, se jeta sur une chaise.

Il y eut un moment de silence profond après ces mots d'Agricol, qui ruinaient les dernières espérances de ces trois personnes, muettes, anéanties sous le coup d'une inexorable fatalité.

Un nouvel incident vint augmenter le caractère sinistre et douloureux de cette scène.

## CHAPITRE XI.

DÉCOUVERTES.

La porte, qu'Agricol n'avait pas songé à refermer, s'ouvrit pour ainsi dire timidement, et Françoise Baudoin, la femme de Dagobert, pâle, défaillante, se soutenant à peine, parut sur le seuil.

Le soldat, Agricol et la Mayeux étaient plongés dans un si morne abattement, qu'aucune de ces trois personnes ne s'aperçut d'abord de l'entrée de Françoise.

Celle-ci fit à peine deux pas dans la chambre et tomba à genoux, les mains jointes, en disant d'une voix humble et faible :

— Mon pauvre mari... pardon...

A ces mots Agricol et la Mayeux, qui tournaient le dos à la porte, se retournèrent, et Dagobert releva vivement la tête.

— Ma mère!... — s'écria Agricol en courant vers Françoise.

— Ma femme! — s'écria Dagobert en se levant et faisant aussi un pas vers l'infortunée...

— Bonne mère!... toi, à genoux — dit Agricol en se courbant vers Françoise, en l'embrassant avec effusion — relève-toi donc!

— Non, mon enfant — dit Françoise de son accent à la fois doux et ferme — je ne me relèverai pas avant que ton père... m'ait pardonné... j'ai eu de grands torts envers lui... maintenant je le sais...

— Te pardonner... pauvre femme — dit le soldat ému en s'approchant. — Est-ce que je t'ai jamais accusée... sauf dans un premier mouvement de désespoir? Non... non... ce sont de mauvais prêtres que j'ai accusés... et j'avais raison... Enfin, te voilà — ajouta-t-il en aidant son fils à relever Françoise; — c'est un chagrin de moins... on t'a donc mise en liberté?... Hier je n'avais pu encore savoir où était ta prison... j'ai tant de soucis que je n'ai pas eu qu'à songer à toi... Voyons, chère femme, assieds-toi là...

— Bonne mère... comme tu es faible... comme tu as froid... comme tu es pâle !...

Dit Agricol avec angoisse et les yeux remplis de larmes.

—Pourquoi ne nous as-tu pas fait prévenir? — ajouta-t-il... — Nous aurions été te chercher... Mais comme tu trembles !... chère mère... tes mains sont glacées... — reprit le forgeron agenouillé devant Françoise. — Puis, en se tournant vers la Mayeux : Fais donc un peu de feu tout de suite...

— J'y avais pensé quand ton père est arrivé, Agricol; mais il n'y a plus ni bois ni charbon...

—Eh bien !.. je t'en prie, ma bonne Mayeux, descends en emprunter au père Loriot... il est si bonhomme qu'il ne te refusera pas... Ma pauvre mère est capable de tomber malade,... vois comme elle frissonne.

A peine avait-il dit ces mots, que la Mayeux disparut.

Le forgeron se leva, alla prendre la couverture du lit et revint en envelopper soigneusement les genoux et les pieds de sa mère ; puis s'agenouillant de nouveau devant elle, il lui dit :

— Tes mains, chère mère...

Et Agricol, prenant les mains débiles de sa mère dans les siennes, tâcha de les réchauffer de son haleine.

Rien n'était plus touchant que ce tableau,... que de voir ce robuste garçon à la figure énergique et résolue, alors empreinte d'une expression de tendresse adorable, entourer des attentions les plus délicates cette pauvre vieille mère pâle et tremblante.

Dagobert, bon comme son fils, alla prendre un oreiller, l'apporta et dit à sa femme :

— Penche-toi un peu en avant, je vais mettre cet oreiller derrière toi ; tu seras mieux, et cela te réchauffera encore.

— Comme vous me gâtez tous deux ! — dit Françoise en tâchant de sourire — et toi surtout, es-tu bon... après tout le mal que je t'ai fait ! — dit-elle à Dagobert.

Et, dégageant une de ses mains d'entre celles de son fils, elle prit la main du soldat, sur laquelle elle appuya ses yeux remplis de larmes ; puis elle dit à voix basse :

— En prison, je me suis bien repentie... va...

Le cœur d'Agricol se brisait en songeant que sa mère avait dû être momentanément confondue dans sa prison avec tant de misérables créatures... elle, sainte et digne femme... d'une pureté si angélique... Il allait pour ainsi dire tâcher de la consoler d'un passé si douloureux pour elle ; mais il se tut, songeant que ce serait porter un nouveau coup à Dagobert. Aussi reprit-il :

— Et Gabriel, chère mère?.. comment va-t-il, ce bon frère? Puisque tu viens de le voir, donne-nous de ses nouvelles?

— Depuis son arrivée — dit Françoise en essuyant ses yeux — il est en retraite... ses supérieurs lui ont rigoureusement défendu de sortir... Heureusement, ils ne lui avaient pas défendu de me recevoir... car ses paroles, ses conseils m'ont ouvert les yeux ; c'est lui qui m'a appris combien, sans le savoir, j'avais été coupable envers toi, mon pauvre mari.

— Que veux-tu dire? — reprit Dagobert.

— Dame! tu dois penser que si je t'ai causé tant de chagrin, ce n'était pas par méchanceté... En te voyant si désespéré, je souffrais presque autant que toi ; mais je n'osais pas te le dire de peur de manquer à mon serment... Je voulais le tenir, croyant bien faire, croyant que c'était mon devoir... Pourtant... quelque chose me disait que mon devoir n'était pas de te désoler ainsi. — Hélas, mon Dieu! éclairez-moi! — m'écriai-je dans ma prison en m'agenouillant et en priant malgré les railleries des autres femmes ; — comment une action juste et sainte qui m'a été ordonnée par mon confesseur, le plus respectable des hommes, accable-t-elle, moi et les miens, de tant de tourments! Ayez pitié de moi, mon bon Dieu ! inspirez-moi, avertissez-moi si j'ai fait mal sans le vouloir... — Comme je priais avec ferveur, Dieu m'a exaucée! il m'a envoyé l'idée de m'adresser à Gabriel... — Je vous remercie, mon Dieu, je vous obéirai — me suis-je dit—Gabriel est comme mon enfant... il est prêtre aussi,... c'est un saint martyr... Si quelqu'un au monde ressemble au divin Sauveur par la charité, par la bonté... c'est lui... Quand je sortirai de prison... j'irai le consulter... et il éclaircira mes doutes.

— Chère mère... tu as raison — s'écria Agricol — c'était une idée d'en haut... Gabriel... c'est un ange, c'est ce qu'il y a de plus pur, de plus courageux, de plus noble au monde! C'est le type du vrai prêtre, du bon prêtre.

— Ah! pauvre femme — dit Dagobert avec amertume — si tu n'avais jamais eu d'autre confesseur que Gabriel!..

— J'y avais bien pensé avant ses voyages — dit naïvement Françoise. — J'aurais tant aimé me confesser à ce cher enfant... Mais, vois-tu, j'ai craint de fâcher l'abbé Dubois, et que Gabriel ne fût trop indulgent pour mes péchés.

— Tes péchés, pauvre chère mère... — dit Agricol — en as-tu seulement jamais commis un seul!

— Et Gabriel, que t'a-t-il dit? — demanda le soldat.

— Hélas, mon ami! que n'ai-je eu plus tôt un entretien pareil avec lui!... Ce que je lui ai appris de l'abbé Dubois a éveillé ses soupçons ; alors il m'a interrogée, ce cher enfant, sur bien des choses, dont il ne m'avait jamais parlé jusque-là... Je lui ai ouvert mon cœur tout entier; lui aussi m'a ouvert le sien, et nous avons fait de tristes découvertes sur des personnes que nous avions toujours crues bien respectables... et qui pourtant nous avaient trompés à l'insu l'un de l'autre...

— Comment cela?

— Oui, on lui disait à lui, sous le sceau du secret, des choses censées venir de moi; et à moi, sous le sceau du secret, on me disait des choses comme venant de lui... Ainsi... il m'a avoué qu'il ne s'était pas d'abord senti de vocation pour être prêtre... Mais on lui a assuré que je ne croirais mon salut certain dans ce monde et dans l'autre que s'il entrait dans les ordres, parce que j'étais persuadée que le Seigneur me récompenserait de lui avoir donné un si excellent serviteur, et que pourtant je n'oserais jamais demander, à lui Gabriel, une pareille preuve d'attachement, quoique je l'eusse ramassé orphelin dans la rue et élevé comme mon fils à force de privations et de travail... Alors, que voulez-vous! le pauvre cher enfant, croyant combler tous mes vœux... s'est sacrifié. Il est entré au séminaire.

— Mais c'est horrible — dit Agricol — c'est une ruse infâme, et pour les prêtres qui s'en sont rendus coupables c'est un mensonge sacrilége...

— Pendant ce temps-là — reprit Françoise — à moi, on me tenait un autre langage : on me disait que Gabriel avait la vocation ; mais qu'il n'osait me l'avouer de peur que je ne fusse jalouse à cause d'Agricol, qui, ne devant jamais être qu'un ouvrier, ne jouirait pas des avantages que la prêtrise assurait à Gabriel... Aussi, lorsqu'il m'a demandé la permission d'entrer au séminaire (cher enfant! il n'y entrait qu'à regret, mais il croyait me rendre très-heureuse), au lieu de le détourner de cette idée, je l'ai, au contraire, engagé de tout mon pouvoir à la suivre, l'assurant qu'il ne pouvait mieux faire, que cela me causait une grande joie... Dame,... vous entendez bien! j'exagérais, tant je craignais qu'il ne me crût jalouse pour Agricol.

— Quelle odieuse machination ! — dit Agricol stupéfait. — On spéculait d'une manière indigne sur votre dévouement mutuel;... ainsi, dans l'encouragement presque forcé que tu donnais à sa résolution, Gabriel voyait, lui, l'expression de ton vœu le plus cher...

— Peu à peu pourtant, comme Gabriel est le meilleur cœur qu'il y ait au monde, la vocation lui est venue. C'est tout simple : consoler ceux qui souffrent, se dévouer à ceux qui sont malheureux, il était né pour cela,... aussi ne m'aurait-il jamais parlé du passé sans notre entretien de ce matin... Mais alors, lui, toujours si doux, si timide,... je l'ai vu s'indigner,... s'exaspérer surtout contre M. Rodin et une autre personne qu'il accuse... Il avait déjà contre eux, m'a-t-il dit, de sérieux griefs,... mais ces découvertes comblaient la mesure.

A ces mots de Françoise, Dagobert fit un mouvement et porta vivement la main à son front comme pour rassembler ses souvenirs. Depuis quelques minutes il écoutait avec une surprise profonde et presque avec frayeur le récit de ces menées souterraines, conduites avec une fourbe si habile et si profonde.

Françoise continua :

— Enfin... quand j'ai avoué à Gabriel que, par les conseils de M. l'abbé Dubois, mon confesseur, j'avais livré à une personne étrangère les enfants qu'on avait confiées à mon mari,... les filles du général Simon,... le cher enfant, hélas bien à regret! m'a blâmée... non d'avoir voulu faire connaître à ces pauvres orphelines les douceurs de notre sainte religion, mais de ne pas avoir consulté mon mari, qui seul répondait devant Dieu et devant les hommes du dépôt qu'on lui avait confié... Gabriel a vivement censuré la conduite de M. l'abbé Dubois, qui m'avait donné, disait-il, des conseils mauvais et perfides; puis ensuite ce cher enfant m'a consolée avec sa douceur d'ange en m'engageant à venir tout te dire... Mon pauvre mari! il aurait bien voulu m'accompagner; car c'est à peine si j'osais penser à rentrer ici, tant j'étais désolée de mes torts envers toi; mais malheureusement Gabriel était retenu à son séminaire par des ordres très-sévères de ses supérieurs; il n'a pu venir avec moi, et...

Dagobert interrompit brusquement sa femme : il semblait en proie à une grande agitation.

— Un mot, Françoise — dit-il — car en vérité au milieu de tant de soucis, de trames si noires et si diaboliques, la mémoire se perd, la tête s'égare... Tu m'as dit, le jour où les enfants ont disparu, qu'en recueillant Gabriel tu avais trouvé à son cou une médaille de bronze, et dans sa poche un portefeuille rempli de papiers écrits en langue étrangère?

— Oui... mon ami.

— Que tu avais plus tard remis ces papiers et cette médaille à ton confesseur?

— Oui, mon ami.

— Et Gabriel ne t'a-t-il jamais parlé depuis de cette médaille et de ces papiers?

— Non.

Agricol, entendant cette révélation de sa mère, la regardait avec surprise, et s'écria :

— Mais alors Gabriel a donc le même intérêt que les filles du général Simon et mademoiselle de Cardoville... à se trouver demain rue Saint-François?

— Certainement — dit Dagobert — et maintenant te souvient-il qu'il nous a dit, lors de mon arrivée, que dans quelques jours il aurait besoin de nous, de notre appui pour une circonstance grave?

— Oui, mon père.

— Et on le retient prisonnier à son séminaire! Et il a dit à ta mère qu'il avait à se plaindre de ses supérieurs! Et il nous a demandé notre appui, t'en souviens-tu? d'un air si triste et si grave, que je lui ai dit...

— Qu'il s'agirait d'un duel à mort qu'il ne nous parlerait pas autrement!.. — reprit Agricol en interrompant Dagobert — C'est vrai, mon père... et pourtant, toi qui te connais en courage, tu as reconnu la bravoure de Gabriel égale à la tienne;... pour qu'il craigne tant ses supérieurs, il faut que le danger soit grand.

—Maintenant que j'ai entendu ta mère...je comprends tout... — dit Dagobert. — Gabriel est comme Rose et Blanche, comme mademoiselle de Cardoville... comme ta mère, comme nous le sommes peut-être nous-mêmes, victime d'une sourde machination de mauvais prêtres... Tiens, à cette heure, que je connais leurs moyens ténébreux, leur persévérance infernale... je le vois — ajouta le soldat en parlant plus bas — il faut être bien fort pour lutter contre eux... Non, je n'avais pas d'idée de leur puissance...

— Tu as raison, mon père;... car ceux qui sont hypocrites et méchants peuvent faire autant de mal, que ceux qui sont bons et charitables comme Gabriel... font de bien. Il n'y a pas d'ennemi plus implacable qu'un mauvais prêtre.

— Je te crois... et cela m'épouvante, car enfin mes pauvres enfants sont entre leurs mains... Faudrait-il les leur abandonner sans lutte !.. Tout est-il donc désespéré !.. Oh! non... non... pas de faiblesse !.. Et pourtant,... depuis que ta mère nous a dévoilé ces trames diaboliques, je ne sais,... mais je me sens moins fort,... moins résolu... Tout ce qui se passe autour de nous me semble effrayant. L'enlèvement de ces enfants n'est plus une chose isolée, mais une ramification d'un vaste complot qui nous entoure et nous menace... Il me semble que, moi et ceux que j'aime, nous marchons la nuit... au milieu de serpents... au milieu d'ennemis et de pièges qu'on ne peut ni voir ni combattre... Enfin, que veux-tu que je te dise !.. moi, je n'ai jamais craint la mort... je ne suis pas lâche,... eh bien ! maintenant, je l'avoue... oui, je l'avoue... ces robes noires me font peur... oui... j'en ai peur...

Dagobert prononça ces mots avec un accent si sincère que son fils tressaillit, car il partageait la même impression.

Et cela devait être ; les caractères francs, énergiques, résolus, habitués à agir et à combattre au grand jour, ne peuvent ressentir qu'une crainte, celle d'être enlacés et frappés dans les ténèbres par des ennemis insaisissables : ainsi Dagobert avait vingt fois affronté la mort, et pourtant, en entendant sa femme exposer naïvement ce sombre tissu de trahisons, de fourberies, de mensonges, de noirceurs, le soldat éprouvait un vague effroi ; et quoique rien ne fût changé dans les conditions de son entreprise nocturne contre le couvent, elle lui apparaissait sous un jour plus sinistre et plus dangereux.

Le silence qui régnait depuis quelques moments fut interrompu par le retour de la Mayeux.

Celle-ci, sachant que l'entretien de Dagobert, de sa femme et d'Agricol ne devait pas avoir d'importun auditeur, frappa légèrement à la porte, restant en dehors avec le père Loriot.

— Peut-on entrer, madame Françoise — dit l'ouvrière — voici le père Loriot qui apporte du bois?

— Oui, oui, entre, ma bonne Mayeux — dit Agricol pendant que son père essuyait la sueur froide qui coulait de son front.

La porte s'ouvrit, et l'on vit le digne teinturier, dont les mains et les bras étaient alors couleur amarante; il portait d'un côté un panier de bois, de l'autre de la braise allumée sur une pelle à feu.

— Bonsoir, la compagnie — dit le père Loriot — merci d'avoir pensé à moi, madame Françoise! vous savez que ma boutique et ce qu'il y a dedans sont à votre service... Entre voisins on s'aide, comme de juste.

Vous avez, je l'espère, été dans le temps assez bonne pour feu ma femme!..

Puis déposant le bois dans un coin et donnant la pelle à braise à Agricol, le digne teinturier, devinant à l'air triste et préoccupé des différents acteurs de cette scène, qu'il serait discret à lui de ne pas prolonger sa visite, ajouta :

— Vous n'avez pas besoin d'autre chose, madame Françoise?

— Merci, père Loriot, merci!

— Alors bonsoir, la compagnie...

Puis s'adressant à la Mayeux, le teinturier ajouta :

— N'oubliez pas la lettre pour M. Dagobert... je n'ai pas osé y toucher, j'y aurais marqué les quatre doigts et le pouce en amarante. Bonsoir, la compagnie.

Et le père Loriot sortit.

— Monsieur Dagobert, voici cette lettre — dit la Mayeux.

Et elle s'occupa d'allumer le poêle, pendant qu'Agricol approchait du foyer le vieux fauteuil de sa mère.

— Vois ce que c'est, mon garçon — dit

Dagobert à son fils — j'ai la tête si fatiguée que j'y vois à peine clair...

Agricol prit la lettre, qui contenait seulement quelques lignes, et lut avant d'avoir regardé la signature :

« *En mer, le 25 décembre* 1831.

» Je profite de la rencontre et d'une com-
» munication de quelques minutes avec un
» navire qui se rend directement en Eu-
» rope, mon vieux camarade, pour t'écrire à
» la hâte ces lignes, qui te parviendront, je
» l'espère, par le Havre, et probablement
» avant mes dernières lettres de l'Inde... Tu
» dois être maintenant à Paris avec ma
» femme et mon enfant... dis leur..

» Je ne puis finir... le canot part... un mot
» en hâte... J'arrive en France... N'oublie pas
» le 13 février... l'avenir de ma femme et de
» mon enfant en dépendent...

» Adieu, mon ami ! reconnaissance éter-
» nelle.

» Simon. »

— Agricol... ton père... vite... — s'écria la Mayeux.

DÉCOUVERTES. 245

Dès les premiers mots de cette lettre, à laquelle les circonstances présentes donnaient un si cruel à-propos, Dagobert était devenu d'une pâleur mortelle... L'émotion, la fatigue, l'épuisement, joints à ce dernier coup, le firent chanceler.

Son fils courut à lui, le soutint un instant entre ses bras; mais bientôt, cet accès momentané de faiblesse se dissipa, Dagobert passa la main sur son front, redressa sa grande taille, son regard étincela, sa rude figure prit une expression de résolution déterminée, et il s'écria avec une exaltation farouche :

— Non, non, je ne serai pas traître, je ne serai pas lâche; les robes noires ne me font plus peur, et cette nuit Rose et Blanche Simon seront délivrées!

# CHAPITRE XII.

LE CODE PÉNAL.

Dagobert, un moment épouvanté des machinations ténébreuses et souterraines si dangereusement poursuivies par les *robes noires*, comme il disait, contre des personnes qu'il aimait, avait pu hésiter un instant à tenter la délivrance de Rose et de Blanche; mais son indécision cessa aussitôt après la lecture de la lettre du maréchal Simon, qui venait si inopinément lui rappeler des devoirs sacrés.

A l'abattement passager du soldat avait succédé une résolution d'une énergie calme et pour ainsi dire recueillie.

— Agricol, quelle heure est-il? — demanda-t-il à son fils.

— Neuf heures ont sonné tout à l'heure, mon père.

— Il faut me fabriquer tout de suite un crochet de fer solide... assez solide pour supporter mon poids, et assez ouvert pour s'adapter au chaperon d'un mur. Ce poêle de fonte sera ta forge et ton enclume; tu trouveras un marteau dans la maison... et... quant à du fer — dit le soldat en hésitant et en regardant autour de lui — quant à du fer... — tiens, en voici...

Ce disant, le soldat prit auprès du foyer une paire de pincettes à très-fortes branches, les présenta à son fils, et ajouta :

— Allons, mordieu! mon garçon, attise le feu, chauffe à blanc, et forge-moi ce fer...

A ces paroles, Françoise et Agricol se regardèrent avec surprise; le forgeron resta muet et interdit, ignorant la résolution de son père et les préparatifs que celui-ci avait déjà commencés avec l'aide de la Mayeux.

— Tu ne m'entends donc pas, Agricol — répéta Dagobert tenant toujours la paire de pincettes à la main — il faut tout de suite me fabriquer un crochet avec cela !...

— Un crochet... mon père... et pourquoi faire?

— Pour mettre au bout d'une corde que j'ai là ; il faudra le terminer par une espèce d'œillet assez large, pour qu'elle puisse y être solidement attachée.

— Mais, cette corde, ce crochet, à quoi bon?

— A escalader les murs du couvent si je ne peux pas m'y introduire par une porte.

— Quel couvent? — demanda Françoise à son fils.

— Comment, mon père ! — s'écria celui-ci en se levant brusquement — tu penses encore... à cela?

— Ah çà, à quoi veux-tu que je pense?

— Mais, mon père... c'est impossible... tu ne tenteras pas une pareille entreprise.

— Mais quoi donc, mon enfant ? — demanda Françoise avec anxiété — où ton père veut-il donc aller?

— Il veut, cette nuit, s'introduire dans le

couvent où sont renfermées les filles du maréchal Simon, et les enlever.

— Grand Dieu !... mon pauvre mari !... un sacrilége !...

S'écria Françoise toujours fidèle à ses pieuses traditions ; et joignant les mains elle fit un mouvement pour se lever et se rapprocher de Dagobert.

Le soldat, pressentant qu'il allait avoir à subir des observations, des prières de toutes sortes, et bien résolu de n'y pas céder, voulut tout d'abord couper court à ces supplications inutiles, qui d'ailleurs lui faisaient perdre un temps précieux ; il reprit donc d'un air grave, sévère, presque solennel, qui témoignait de l'inflexibilité de sa détermination :

— Écoute, ma femme, et toi aussi, mon fils : quand, à mon âge, on se décide à une chose, on sait pourquoi ;... et une fois qu'on est décidé, il n'y a ni femme, ni fils qui tiennent,... on fait ce qu'on doit... C'est à quoi je suis résolu... Épargnez-moi donc des paroles inutiles... C'est votre devoir de me parler ainsi, soit ; ce devoir, vous l'avez rempli : n'en parlons plus. Ce soir, je veux être le maître chez moi...

Françoise, craintive, effrayée, n'osa pas hasarder une parole; mais elle tourna ses regards suppliants vers son fils.

— Mon père... — dit celui-ci — un mot encore... un mot seulement.

— Voyons ce mot — reprit Dagobert avec impatience.

— Je ne veux pas combattre votre résolution ; mais je vous prouverai que vous ignorez à quoi vous vous exposez...

— Je n'ignore rien — dit le soldat d'un ton brusque. — Ce que je tente est grave,... mais il ne sera pas dit que j'ai négligé un moyen, quel qu'il soit, d'accomplir ce que j'ai promis d'accomplir...

— Mon père, prends garde, encore une fois... tu ne sais pas à quel danger tu t'exposes! — dit le forgeron d'un air alarmé.

— Allons, parlons du danger, parlons du fusil du portier, et de la faux du jardinier — dit Dagobert en haussant les épaules dédaigneusement — parlons-en et que cela finisse... Eh bien, après! supposons que je laisse ma peau dans ce couvent, est-ce que tu ne restes pas à ta mère? voilà vingt ans que vous avez l'habitude de vous passer de moi... ça vous coûtera moins...

— Et c'est moi, mon Dieu! c'est moi, qui suis cause de tous ces malheurs!.. — s'écria la pauvre mère. — Ah! Gabriel avait bien raison de me blâmer!

— Madame Françoise, rassurez-vous — dit tout bas la Mayeux, qui s'était rapprochée de la femme de Dagobert — Agricol ne laissera pas son père s'exposer ainsi.

Le forgeron, après un moment d'hésitation, reprit d'une voix émue:

— Je te connais trop, mon père, pour songer à t'arrêter par la peur d'un danger de mort.

— De quel danger parles-tu alors?

— D'un danger... devant lequel tu reculeras;... oui... devant lequel tu reculeras... toi si brave... — dit le jeune homme d'un ton pénétré, qui frappa son père.

— Agricol — dit sévèrement et rudement le soldat — vous dites une lâcheté, vous me faites une insulte.

— Mon père !

— Une lâcheté — reprit le soldat courroucé — parce qu'il est lâche de vouloir détourner un homme de son devoir en l'effrayant;... une insulte, parce que vous me croyez capable d'être intimidé.

— Ah ! monsieur Dagobert — s'écria la Mayeux — vous ne comprenez pas Agricol...

— Je le comprends trop — répondit durement le soldat.

Douloureusement ému de la sévérité de son père, mais ferme dans sa résolution dictée par son amour et par son respect, Agricol reprit, non sans un violent battement de cœur :

— Pardonnez-moi si je vous désobéis, mon père;... mais, dussiez-vous me haïr, vous saurez à quoi vous vous exposez en escaladant, la nuit, les murs d'un couvent...

— Mon fils !! vous osez... — s'écria Dagobert le visage enflammé de colère.

— Agricol... — s'écria Françoise éplorée... — mon mari !

— Monsieur Dagobert, écoutez Agricol !...

c'est dans votre intérêt à tous qu'il parle — s'écria la Mayeux.

— Pas un mot de plus... — répondit le soldat en frappant du pied avec colère.

— Je vous dis... mon père... que vous risquez presque sûrement... les galères!! — s'écria le forgeron en devenant d'une pâleur effrayante.

— Malheureux — dit Dagobert en saisissant son fils par le bras — tu ne pouvais pas me cacher cela... plutôt que de m'exposer à être traître et lâche! — Puis le soldat répéta en frémissant : — Les galères!!

Et il baissa la tête, muet, pensif, et comme écrasé par ces mots foudroyants.

— Oui, vous introduire dans un lieu habité, la nuit, avec escalade et effraction... la loi est formelle... ce sont les galères! — s'écria Agricol à la fois heureux et désolé de l'accablement de son père; — oui, mon père... les galères... si vous êtes pris en flagrant délit; et il y a dix chances contre une pour que cela soit, car, la Mayeux vous l'a dit, le couvent est gardé... Ce matin, vous auriez tenté d'enlever en plein jour ces deux jeunes demoiselles, vous auriez été arrêté, mais au moins cette tentative, faite ouvertement, avait un caractère de loyale audace qui plus tard peut-être vous eût fait absoudre... Mais vous introduire ainsi la nuit avec escalade... je vous le répète, ce sont les galères... Maintenant... mon père... décidez-vous;... ce que vous ferez, je le ferai... car je ne vous laisserai pas aller seul... dites un mot... je forge votre crochet; j'ai là au bas de l'armoire un marteau, des tenailles... et dans une heure nous partons.

Un profond silence suivit les paroles du forgeron; silence seulement interrompu par les sanglots étouffés de Françoise, qui murmurait avec désespoir :

— Hélas... mon Dieu!.. voilà pourtant ce qui arrive.... parce que j'ai écouté l'abbé Dubois.

En vain la Mayeux consolait Françoise, elle se sentait elle-même épouvantée; car le soldat était capable de braver l'infamie, et alors Agricol voudrait partager les périls de son père.

Dagobert, malgré son caractère énergique et déterminé, restait frappé de stupeur.

Selon ses habitudes militaires, il n'avait vu dans son entreprise nocturne qu'une sorte de ruse de guerre autorisée par son bon droit d'abord, et aussi par l'inexorable fatalité de sa position; mais les effrayantes paroles de son fils le ramenaient à la réalité, à une terrible alternative : ou il lui fallait trahir la confiance du maréchal Simon et les derniers vœux de la mère des orphelines, ou bien il lui fallait s'exposer à une flétrissure effroyable... et surtout y exposer son fils... son fils!!! et cela même sans la certitude de délivrer les orphelines...

Tout à coup, Françoise, essuyant ses yeux noyés de larmes, s'écria comme frappée d'une inspiration soudaine :

— Mais, mon Dieu! j'y songe... il y a peut-être un moyen de faire sortir ces chers enfants du couvent sans violence.

— Comment cela, ma mère? — dit vivement Agricol.

— C'est M. l'abbé Dubois qui les y a fait conduire,... mais, d'après ce que suppose Gabriel, probablement mon confesseur n'a agi que par les conseils de M. Rodin...

— Et quand cela serait, ma chère mère, on aurait beau s'adresser à M. Rodin, on n'obtiendrait rien de lui.

— De lui non, mais peut-être de cet abbé si puissant, qui est le supérieur de Gabriel, et qui l'a toujours protégé depuis son entrée au séminaire.

— Quel abbé, ma mère?

— M. l'abbé d'Aigrigny.

— En effet, chère mère, avant d'être prêtre il était militaire... peut-être serait-il plus accessible qu'un autre... et pourtant...

— D'Aigrigny! — s'écria Dagobert avec une expression d'horreur et de haine. — Il y a ici, mêlé à ces trahisons, un homme qui, avant d'être prêtre, a été militaire, et qui s'appelle d'Aigrigny?

— Oui, mon père, le marquis d'Aigrigny... Avant la restauration... il avait servi en Russie... et, en 1815, les Bourbons lui ont donné un régiment...

— C'est lui! — dit Dagobert d'une voix sourde. — Encore lui! toujours lui!!! comme un mauvais démon... qu'il s'agisse de la mère, du père ou des enfants.

— Que dis-tu, mon père?

— Le marquis d'Aigrigny! — s'écria Dagobert. — Savez-vous quel est cet homme? Avant d'être prêtre, il a été le bourreau de la mère de Rose et de Blanche, qui méprisait son amour. Avant d'être prêtre... il s'est battu contre son pays, et s'est trouvé deux fois face à face à la guerre avec le général Simon... Oui, pendant que le général était prisonnier à Leipsick, criblé de blessures à Waterloo, l'autre, le marquis renégat triomphait avec les Russes et les Anglais! Sous les Bourbons, le renégat, comblé d'honneurs, s'est encore retrouvé en face du soldat de l'Empire persécuté. Entre eux deux, cette fois, il y a eu un duel acharné... Le marquis a été blessé; mais le général Simon, proscrit et condamné à mort, s'est exilé... Maintenant le renégat est prêtre... dites-vous? Eh bien! moi, maintenant, je suis certain que c'est lui qui a fait enlever Rose et Blanche afin d'assouvir sur elles la haine qu'il a toujours eue contre leur mère et contre leur père... Cet infâme d'Aigrigny les tient en sa puissance... Ce n'est plus seulement la fortune de ces enfants que j'ai à défendre maintenant... c'est leur vie... entendez-vous, leur vie!..

— Mon père... croyez-vous cet homme capable de...

— Un traître à son pays, qui finit par être un prêtre infâme, est capable de tout; je vous dis que peut-être à cette heure ils tuent ces enfants à petit feu... — s'écria le soldat d'une voix déchirante — car les séparer l'une de l'autre, c'est déjà commencer à les tuer... — Puis Dagobert ajouta avec une exaspération impossible à rendre : — Les filles du maréchal Simon sont au pouvoir du marquis d'Aigrigny et de sa bande... et j'hésiterais à tenter de les sauver... par peur des galères!... Les galères! — ajouta-t-il avec un éclat de rire convulsif — qu'est-ce que ça me fait, à moi, les galères? Est-ce qu'on y met votre cadavre? Est-ce qu'après cette dernière tentative je n'aurai pas le droit, si elle avorte, de me brûler la cervelle?..Mets ton fer au feu, mon garçon... Vite, le temps presse... forge... forge le fer...

— Mais... ton fils... t'accompagne — s'écria Françoise avec un cri de désespoir maternel.

Puis se levant, elle se jeta aux pieds de Dagobert en disant : — Si tu es arrêté... il le sera aussi...

— Pour s'épargner les galères... il fera comme moi... j'ai deux pistolets.

— Mais moi... — s'écria la malheureuse mère en tendant ses mains suppliantes — sans toi... sans lui... que deviendrai-je?..

— Tu as raison... j'étais égoïste.... j'irai seul — dit Dagobert.

— Tu n'iras pas seul... mon père... — reprit Agricol.

— Mais ta mère!..

— La Mayeux voit ce qui se passe, elle ira trouver M. Hardy, mon bourgeois, et lui dira tout... c'est le plus généreux des hommes;.. ma mère aura un abri et du pain jusqu'à la fin de ses jours.

— Et c'est moi... c'est moi qui suis cause de tout!... — s'écria Françoise en se tordant les mains avec désespoir. — Punissez-moi, mon Dieu... punissez-moi... c'est ma faute... j'ai livré ces enfants... je serai punie par la mort de mon enfant.

— Agricol... tu ne me suivras pas!! je te

le défends — dit Dagobert en pressant son fils contre sa poitrine avec énergie.

— Moi... après t'avoir signalé le danger... je reculerais... tu n'y penses pas, mon père! Est-ce que je n'ai pas aussi quelqu'un à délivrer, moi? Mademoiselle de Cardoville, si bonne, si généreuse, qui m'avait voulu sauver de la prison? N'est-elle pas prisonnière à son tour? Je te suivrai, mon père, c'est mon droit, c'est mon devoir, c'est ma volonté.

Ce disant, Agricol mit dans l'ardent brasier du poêle de fonte les pincettes destinées à faire un crochet.

— Hélas! mon Dieu! ayez pitié de nous tous!

Disait la pauvre mère en sanglotant, toujours agenouillée pendant que le soldat semblait en proie à un violent combat intérieur.

— Ne pleure pas ainsi, chère mère, tu me brises le cœur — dit Agricol en relevant sa mère avec l'aide de la Mayeux — rassure-toi. J'ai dû exagérer à mon père les mauvaises chances de l'entreprise; mais à nous deux, en agissant prudemment, nous pourrons réussir presque sans rien risquer, n'est-ce pas, mon père! — dit Agricol en faisant un signe d'intelligence à Dagobert — encore une fois, rassure-toi, bonne mère... je réponds de tout... Nous délivrerons les filles du maréchal Simon et mademoiselle de Cardoville... La Mayeux, donne-moi les tenailles et le marteau qui sont au bas de cette armoire....

L'ouvrière, essuyant ses larmes, obéit à Agricol, pendant que celui-ci, à l'aide d'un soufflet, avivait le brasier où chauffaient les pincettes.

— Voici tes outils,... Agricol,

Dit la Mayeux, d'une voix profondément altérée, en présentant, de ses mains tremblantes, ces objets au forgeron, qui, à l'aide des tenailles, retira bientôt du feu les pincettes chauffées à blanc, qu'il commença de façonner en crochet à grands coups de marteau, se servant du poêle de fonte pour enclume.

Dagobert était resté silencieux et pensif. Tout à coup il dit à Françoise en lui prenant les mains :

— Tu connais ton fils : l'empêcher maintenant de me suivre, c'est impossible... Mais, rassure-toi,... chère femme,... nous réussirons,...

je l'espère... Si nous ne réussissons pas,... si nous sommes arrêtés, Agricol et moi, eh bien! non,... pas de lâchetés,... pas de suicide... le père et le fils s'en iront en prison bras dessus, bras dessous, le front haut, le regard fier, comme deux hommes de cœur qui ont fait leur devoir... jusqu'au bout... Le jour du jugement viendra;... nous dirons tout,... loyalement, franchement;... nous dirons que, poussés à la dernière extrémité,... ne trouvant aucun secours, aucun appui dans la loi, nous avons été obligés d'avoir recours à la violence... Va, forge, mon garçon — ajouta Dagobert en s'adressant à son fils, qui martelait le fer rougi — forge... forge... sans crainte; les juges sont honnêtes gens, ils absoudront d'honnêtes gens.

— Oui, brave père, tu as raison; rassure-toi, chère mère,... les juges verront la différence qu'il y a entre des bandits qui escaladent la nuit des murs pour voler... et un vieux soldat et son fils qui, au péril de leur liberté, de leur vie, de l'infamie, ont voulu délivrer de pauvres victimes.

— Et si ce langage n'est pas entendu — reprit Dagobert — tant pis!... ce ne sera ni ton fils, ni ton mari qui seront déshonorés aux yeux des honnêtes gens... Si l'on nous met au bagne... si nous avons le courage de vivre... eh bien! le jeune et le vieux forçat porteront fièrement leur chaîne... et le marquis renégat... le prêtre infâme sera plus honteux que nous... Va, forge le fer sans crainte, mon garçon! Il y a quelque chose que le bagne ne peut flétrir : une bonne conscience et l'honneur...

Maintenant, deux mots, ma bonne Mayeux, l'heure avance et nous presse. Quand vous êtes descendue dans le jardin, avez-vous remarqué si les étages du couvent étaient élevés?

— Non, pas très-élevés, monsieur Dagobert, surtout du côté qui regarde la maison des fous où est enfermée mademoiselle de Cardoville.

— Comment avez-vous fait pour parler à cette demoiselle?

— Elle était de l'autre côté d'une clairevoie en planches qui sépare à cet endroit les deux jardins.

— Excellent...— dit Agricol en continuant de marteler son fer — nous pourrons facilement entrer de l'un dans l'autre jardin,... peut-être sera-t-il plus facile et plus sûr de sortir par la maison des fous... Malheureusement tu ne sais pas où est la chambre de mademoiselle de Cardoville.

— Si... — reprit la Mayeux en rassemblant ses souvenirs — elle habite un pavillon carré, et il y a au-dessus de la fenêtre où je l'ai vue pour la première fois une espèce d'auvent avancé peint, couleur de coutil bleu et blanc.

— Bon... je ne l'oublierai pas.

— Et vous ne savez pas, à peu près, où sont les chambres de mes pauvres enfants? — dit Dagobert.

Après un moment de réflexion, la Mayeux reprit :

— Elles sont en face du pavillon occupé par mademoiselle de Cardoville, car elle leur a fait depuis deux jours des signes de sa fenêtre; et je me souviens maintenant qu'elle m'a dit que leurs deux chambres, placées à des étages différents, se trouvaient l'une au rez-de-chaussée, l'autre au premier.

— Et ces fenêtres, sont-elles grillées? — demanda le forgeron.

— Je l'ignore.

— Il n'importe, merci, ma bonne fille; avec ces indications nous pouvons marcher — dit Dagobert; — pour le reste j'ai mon plan.

— Ma petite Mayeux, de l'eau — dit Agricol — afin que je refroidisse mon fer. — Puis s'adressant à son père : — Ce crochet est-il bien?

— Oui, mon garçon; dès qu'il sera refroidi nous ajusterons la corde...

Depuis quelque temps Françoise Baudoin s'était agenouillée pour prier avec ferveur: elle suppliait Dieu d'avoir pitié d'Agricol et de Dagobert, qui, dans leur malheureuse ignorance, allaient commettre un grand crime; elle conjurait surtout le Seigneur de faire retomber sur elle seule son courroux céleste, puisqu'elle seule était la cause de la funeste résolution de son fils et de son mari.

Dagobert et Agricol terminaient en silence

leurs préparatifs ; tous deux étaient très-pâles et d'une gravité solennelle : ils sentaient tout ce qu'il y avait de dangereux dans leur entreprise désespérée.

Au bout de quelques minutes dix heures sonnèrent à Saint-Merry.

Le tintement de l'horloge arriva faible et à demi couvert par le grondement des rafales de vent et de pluie, qui n'avaient pas cessé.

— Dix heures... — dit Dagobert en tressaillant — il n'y a pas une minute à perdre... Agricol, prends le sac.

— Oui, mon père.

En allant chercher le sac, Agricol s'approcha de la Mayeux, qui se soutenait à peine, et lui dit tout bas et rapidement :

— Si nous ne sommes pas ici demain matin... je te recommande ma mère... Tu iras chez M. Hardy ;... peut-être sera-t-il arrivé de voyage. Voyons, sœur, du courage, embrasse-moi... Je te laisse ma pauvre mère.

Et le forgeron, profondément ému, serra cordialement dans ses bras la Mayeux, qui se sentait défaillir.

— Allons, mon vieux Rabat-Joie,... en route

— dit Dagobert — tu nous serviras de vedette... — Puis s'approchant de sa femme, qui, s'étant relevée, serrait contre sa poitrine la tête de son fils, qu'elle couvrait de baisers en fondant en larmes, le soldat lui dit, affectant autant de calme que de sérénité :

— Allons, ma chère femme, sois raisonnable, fais-nous bon feu... dans deux ou trois heures nous ramènerons ici deux pauvres enfants et une belle demoiselle... Embrasse-moi... cela me portera bonheur...

Françoise se jeta au cou de son mari sans prononcer une parole.

Ce désespoir muet, accentué par des sanglots sourds et convulsifs, était déchirant. Dagobert fut obligé de s'arracher des bras de sa femme, et, cachant son émotion, il dit à son fils d'une voix altérée :

— Partons... partons... elle me fend le cœur... Ma bonne Mayeux, veillez sur elle... Agricol... viens.

Et le soldat, glissant ses pistolets dans la poche de sa redingote, se précipita vers la porte suivi de Rabat-Joie.

— Mon fils... encore!... que je t'embrasse

encore une fois! Hélas!... c'est peut-être la dernière — s'écria la malheureuse mère incapable de se lever et tendant les bras à Agricol. — Pardonne-moi,... c'est ma faute.

Le forgeron revint, mêla ses larmes à celles de sa mère, car il pleurait aussi, et murmura d'une voix étouffée :

— Adieu, chère mère... Rassure-toi... A bientôt.

Puis se dérobant aux étreintes de Françoise, il rejoignit son père sur l'escalier.

Françoise Baudoin poussa un long gémissement et tomba presque inanimée entre les bras de la Mayeux.

Dagobert et Agricol sortirent de la rue Brise-Miche au milieu de la tourmente, et se dirigèrent à grands pas vers le boulevard de l'Hôpital, suivis de Rabat-Joie.

## CHAPITRE XIII.

ESCALADE ET EFFRACTION.

Onze heures et demie sonnaient lorsque Dagobert et son fils arrivèrent sur le boulevard de l'Hôpital.

Le vent était violent, la pluie battante ; mais, malgré l'épaisseur des nuées pluvieuses, la nuit paraissait assez claire, grâce au lever tardif de la lune. Les grands arbres noirs et les murailles blanches du jardin du couvent se distinguaient au milieu de cette pâle clarté. Au loin un réverbère, agité par le vent, et dont on apercevait à peine la lumière rougeâtre à travers la brume et la pluie, se balançait au-dessus de la chaussée boueuse de ce boulevard solitaire.

A de rares intervalles on entendait, au loin... bien au loin, le sourd roulement d'une voiture attardée ; puis tout retombait dans un morne silence.

Dagobert et son fils, depuis leur départ de la rue Brise-Miche, avaient à peine échangé quelques paroles. Le but de ces deux hommes de cœur était noble, généreux ; et pourtant, résolus, mais pensifs, ils se glissaient dans l'ombre comme des bandits à l'heure des crimes nocturnes.

Agricol portait sur ses épaules un sac renfermant la corde, le crochet et la barre de fer ; Dagobert s'appuyait sur le bras de son fils, et Rabat-Joie suivait son maître.

— Le banc où nous nous sommes assis tantôt doit être par ici — dit Dagobert en s'arrêtant.

— Oui — dit Agricol en cherchant des yeux — le voilà, mon père.

— Il n'est qu'onze heures et demie, il faut attendre minuit — reprit Dagobert. — As-

## ESCALADE ET EFFRACTION. 273

seyons-nous un instant pour nous reposer et convenir de nos faits...

Au bout d'un moment de silence, le soldat reprit avec émotion en serrant les mains de son fils entre les siennes :

— Agricol, mon enfant... il en est temps encore... je t'en supplie... laisse-moi aller seul... je saurai bien me tirer d'affaire;... plus le moment approche... plus je crains de te compromettre dans cette entreprise dangereuse.

— Et moi, brave père, plus le moment approche, plus je crois que je te serai utile à quelque chose; bon ou mauvais, je partagerai ton sort... notre but est louable... c'est une dette d'honneur que tu dois acquitter... j'en veux payer la moitié. Ce n'est pas maintenant que je me dédirai... Ainsi donc, brave père... songeons à notre plan de campagne.

— Allons, tu viendras — dit Dagobert en étouffant un soupir.

— Il faut donc, brave père — reprit Agricol — réussir sans encombre, et nous réussirons... Tu avais remarqué tantôt la petite porte de ce jardin, là, près de l'angle du mur... c'est déjà excellent.

— Par là, nous entrerons dans le jardin et nous chercherons des bâtiments que sépare un mur terminé par une claire-voie.

— Oui... car d'un côté de cette claire-voie est le pavillon habité par mademoiselle de Cardoville, et de l'autre la partie du couvent où sont enfermées les filles du général.

A ce moment Rabat-Joie, qui était accroupi aux pieds de Dagobert, se leva brusquement en dressant les oreilles et semblant écouter.

— On dirait que Rabat-Joie entend quelque chose — dit Agricol — écoutons.

On n'entendit rien que le bruit du vent qui agitait les grands arbres du boulevard.

— Mais! j'y pense, mon père; une fois la porte du jardin ouverte, emmenons-nous Rabat-Joie?

— Oui... oui; s'il y a un chien de garde, il s'en chargera; et puis, il nous avertira de l'approche des gens de ronde, et qui sait?.. il a tant d'intelligence, il est si attaché à Rose et à Blanche, qu'il nous aidera peut-être à découvrir l'endroit où elles sont ; je l'ai vu vingt fois aller les rejoindre dans les bois avec un instinct extraordinaire.

Un tintement lent, grave, sonore, dominant les sifflements de la bise, commença de sonner minuit.

Ce bruit sembla retentir douloureusement dans l'âme d'Agricol et de son père ; muets, émus, ils tressaillirent... Par un mouvement spontané, ils se prirent et se serrèrent énergiquement la main. Malgré eux, chaque battement de leur cœur se réglait sur chacun des coups de cette horloge dont la vibration se prolongeait au milieu du morne silence de la nuit...

Au dernier tintement, Dagobert dit à son fils d'une voix ferme :

— Voilà minuit... embrasse-moi... et en avant.

Le père et le fils s'embrassèrent. Le moment était décisif et solennel.

— Maintenant, mon père — dit Agricol — agissons avec autant de ruse et d'audace que des bandits allant piller un coffre-fort.

Ce disant, le forgeron prit dans le sac la

18.

corde et le crochet. Dagobert s'arma de la pince de fer, et tous deux, s'avançant le long du mur avec précaution, se dirigèrent vers la petite porte, située non loin de l'angle formé par la rue et par le boulevard, s'arrêtant de temps à autre pour prêter l'oreille avec attention, tâchant de distinguer les bruits qui ne seraient causés ni par la pluie ni par le grand vent.

La nuit continuant d'être assez claire pour que l'on pût parfaitement distinguer les objets, le forgeron et le soldat atteignirent la petite porte; les ais paraissaient vermoulus et peu solides.

— Bon — dit Agricol à son père — d'un coup elle cédera.

Et le forgeron allait appuyer vigoureusement son épaule contre la porte en s'arc-boutant sur ses jarrets, lorsque tout à coup Rabat-Joie grogna sourdement en se mettant pour ainsi dire en arrêt.

D'un mot Dagobert fit taire le chien, et saisissant son fils par le bras il lui dit tout bas :

— Ne bougeons pas... Rabat-Joie a senti quelqu'un... dans le jardin !...

Agricol et son père restèrent quelques minutes immobiles, l'oreille au guet, et suspendant leur respiration...

Le chien, obéissant à son maître, ne grognait plus; mais son inquiétude et son agitation se manifestaient de plus en plus.

Cependant on n'entendait rien...

— Le chien se sera trompé, mon père — dit tout bas Agricol.

— Je suis sûr que non ;... ne bougeons pas...

Après quelques secondes d'une nouvelle attente, Rabat-Joie se coucha brusquement et allongea autant qu'il le put son museau sous la traverse inférieure de la porte en soufflant avec force.

— On vient... — dit vivement Dagobert à son fils.

— Éloignons-nous... — reprit Agricol.

— Non — lui dit son père — écoutons, il sera temps de fuir si l'on ouvre la porte... Ici, Rabat-Joie, ici...

Le chien, obéissant, s'éloigna de la porte et vint se coucher aux pieds de son maître.

Quelques secondes après on entendit sur la terre, détrempée par la pluie, une espèce de pataugement causé par des pas lourds dans des flaques d'eau, puis un bruit de paroles qui, emportées par le vent, n'arrivèrent pas jusqu'au soldat et au forgeron.

— Ce sont les gens de ronde dont nous a parlé la Mayeux — dit Agricol à son père.

— Tant mieux... ils mettront un intervalle entre leur seconde tournée, cela nous assure au moins deux heures de tranquillité... maintenant... notre affaire est sûre.

En effet, peu à peu, le bruit des pas devint moins distinct, puis il se perdit tout à fait...

— Allons, vite, ne perdons pas de temps — dit Dagobert à son fils au bout de dix minutes; — ils sont loin; maintenant, tâchons d'ouvrir cette porte.

Agricol y appuya sa puissante épaule, poussa vigoureusement, et la porte ne céda pas, malgré sa vétusté.

— Malédiction ! — dit Agricol — elle est barrée en dedans, j'en suis sûr; ces mauvaises

## ESCALADE ET EFFRACTION.

planches n'auraient pas, sans cela, résisté au choc.

— Comment faire?

— Je vais monter sur le mur à l'aide de la corde et du crochet... et aller l'ouvrir en dedans.

Ce disant, Agricol prit la corde, le crampon; et, après plusieurs tentatives, il parvint à lancer le crochet sur le chaperon du mur.

— Maintenant, mon père, fais-moi la courte-échelle; je m'aiderai de la corde; une fois à cheval sur la muraille, je retournerai le crampon, et il me sera facile de descendre dans le jardin.

Le soldat s'adossa au mur, joignit ses deux mains, dans le creux desquelles son fils posa un pied, puis, montant de là sur les robustes épaules de son père, où il prit un point d'appui, à l'aide de la corde et de quelques dégradations de la muraille, il en atteignit la crête. Malheureusement, le forgeron ne s'était pas aperçu que le chaperon du mur était garni de morceaux de verre de bouteilles cassées qui le blessèrent aux genoux et aux mains; mais de peur d'alarmer Dagobert il retint un premier cri de douleur, replaça le crampon comme il fallait, se laissa glisser le long de la corde, et atteignit le sol ; la porte était proche, il y courut : une forte barre de bois la maintenait, en effet, intérieurement ; la serrure était en si mauvais état, qu'elle ne résista pas à un violent effort d'Agricol ; la porte s'ouvrit, Dagobert entra dans le jardin avec Rabat-Joie.

— Maintenant — dit le soldat à son fils — grâce à toi, le plus fort est fait... Voici un moyen de fuite assuré pour mes pauvres enfants et pour mademoiselle de Cardoville... Le tout, à cette heure, est de les trouver... sans faire de mauvaise rencontre... Rabat-Joie va marcher devant en éclaireur... Va... va, mon bon chien — ajouta Dagobert — et surtout... sois muet... tais-toi.

Aussitôt l'intelligent animal s'avança de quelques pas, flairant, écoutant, éventant et marchant avec la prudence et l'attention circonspecte d'un limier en quête.

A la demi-clarté de la lune voilée par les nuages, Dagobert et son fils aperçurent autour d'eux un quinconce d'arbres énormes, auquel aboutissaient plusieurs allées. Indécis sur celle qu'ils devaient suivre, Agricol dit à son père :

— Prenons l'allée qui côtoie le mur, elle nous mènera sûrement à un bâtiment.

— C'est juste, allons, et marchons sur les bordures de gazon, au lieu de marcher dans l'allée boueuse; nos pas feront moins de bruit.

Le père et le fils, précédés de Rabat-Joie, parcoururent pendant quelque temps une sorte d'allée tournante, qui s'éloignait peu de la muraille; ils s'arrêtaient çà et là pour écouter,... ou pour se rendre prudemment compte, avant de continuer leur marche, des mobiles aspects des arbres et des broussailles, qui, agités par le vent et éclairés par la pâle clarté de la lune, affectaient souvent des formes singulières.

Minuit et demi sonnaient lorsqu'Agricol et son père arrivèrent à une large grille de fer qui servait de clôture au jardin réservé de la supérieure du couvent; c'est dans cette réserve que la Mayeux s'était introduite le matin, après avoir vu Rose Simon s'entretenir avec Adrienne de Cardoville.

A travers les barreaux de cette grille, Agricol et son père aperçurent, à peu de distance, une fermeture en planches à claire-voie aboutissant à une chapelle en construction, et au delà un petit pavillon carré.

— Voilà sans doute le pavillon de la maison de fous occupé par mademoiselle de Cardoville — dit Agricol.

— Et le bâtiment où sont les chambres de Rose et de Blanche, mais que nous ne pouvons apercevoir d'ici, lui fait face sans doute — dit Dagobert. — Pauvres enfants, elles sont là... pourtant, dans les larmes et le désespoir — ajouta-t-il avec une émotion profonde.

— Pourvu que cette grille soit ouverte — dit Agricol.

— Elle le sera probablement;... elle est située à l'intérieur.

— Avançons doucement.

En quelques pas Dagobert et son fils atteignirent la grille, seulement fermée par le pêne de la serrure.

Dagobert allait l'ouvrir, lorsque Agricol lui dit :

— Prends garde de la faire crier sur ses gonds...

— Faut-il la pousser doucement ou brusquement ?

— Laisse-moi, je m'en charge, — dit Agricol.

Et il ouvrit si brusquement le battant de la grille, qu'il ne grinça que faiblement; mais cependant ce bruit fut assez distinct pour être entendu au milieu du silence de la nuit pendant un des intervalles que les rafales du vent laissaient entre elles.

Agricol et son père restèrent un moment immobiles, inquiets, prêtant l'oreille... n'osant franchir le seuil de cette grille afin de se ménager une retraite.

Rien ne bougea, tout demeura calme, tranquille. Agricol et son père, rassurés, pénétrèrent dans le jardin réservé.

A peine le chien fut-il entré dans cet endroit, qu'il donna tous les signes d'une joie extraordinaire; les oreilles dressées, la queue battant ses flancs, bondissant plutôt que courant, il eut bientôt atteint la séparation en claire-voie, où le matin Rose Simon s'était un instant entretenue avec mademoiselle de Cardoville; puis il s'arrêta un instant en cet endroit, inquiet et affairé, tournant et virant comme un chien qui cherche et démêle une voie.

Dagobert et son fils, laissant Rabat-Joie obéir à son instinct, suivaient ses moindres mouvements avec un intérêt, avec une anxiété indicibles, espérant tout de son intelligence et de son attachement pour les orphelines.

— C'est sans doute près de cette clairevoie que Rose se trouvait lorsque la Mayeux l'a vue — dit Dagobert. — Rabat-Joie est sur ses traces, laissons-le faire.

Au bout de quelques secondes, le chien tourna la tête du côté de Dagobert, et partit au galop, se dirigeant vers une porte située au rez-de-chaussée du bâtiment qui faisait face au pavillon occupé par Adrienne : puis, arrivé à cette porte, le chien se coucha, semblant attendre Dagobert.

— Plus de doute, c'est bien dans ce bâtiment que sont les enfants — dit Dagobert en allant rejoindre Rabat-Joie — c'est là qu'on aura tantôt renfermé Rose.

— Nous allons voir si les fenêtres sont ou non grillées — dit Agricol en suivant son père.

Tous deux arrivèrent auprès de Rabat-Joie.

— Eh bien, mon vieux — lui dit tout bas le soldat en lui montrant le bâtiment — Rose et Blanche sont donc là?

Le chien redressa la tête et répondit par un hognement de joie, accompagné de deux ou trois jappements.

Dagobert n'eut que le temps de saisir la gueule du chien entre ses mains.

Il va tout perdre!... — s'écria le forgeron. — On l'a entendu, peut-être?...

— Non... — dit Dagobert. — Mais, plus de doute... les enfants sont là...

A cet instant, la grille de fer par laquelle le soldat et son fils s'étaient introduits dans le jardin réservé, et qu'ils avaient laissée ouverte, se referma avec fracas.

— On nous enferme... — dit vivement Agricol — et pas d'autre issue...

Pendant un instant le père et le fils se regardèrent atterrés ; mais Agricol reprit tout à coup :

— Peut-être le battant de la grille se sera-t-il fermé en roulant sur ses gonds par son propre poids;... je cours m'en assurer... et la rouvrir si je puis...

— Va... vite, j'examinerai les fenêtres.

Agricol se dirigea en hâte vers la grille, tandis que Dagobert, se glissant le long du mur, arriva devant les fenêtres du rez-de-chaussée ; elles étaient au nombre de quatre ; deux d'entre elles n'étaient pas grillées ; il regarda au premier étage, il était peu élevé, et aucune de ses fenêtres n'était garnie de barreaux ; celle des deux sœurs qui habitait cet étage pourrait donc, une fois prévenue, attacher un drap à la barre d'appui de la fenêtre et se laisser glisser, comme l'avaient fait les orphelines pour s'évader de l'auberge du Faucon-Blanc ; mais il fallait, chose difficile, savoir d'abord quelle chambre elle occupait. Dagobert pensa qu'il pourrait en être instruit par celle des deux sœurs qui habitait le rez-de-chaussée ; mais là, autre difficulté : parmi ces quatre fenêtres, à laquelle devait-il frapper?

Agricol revint précipitamment.

— C'était le vent, sans doute, qui avait fermé la grille — dit-il — j'ai ouvert de nouveau le battant et je l'ai calé avec une pierre;... mais il faut nous hâter.

— Et comment reconnaître les fenêtres de ces pauvres enfants? — dit Dagobert avec angoisse.

— C'est vrai — dit Agricol inquiet — que faire?

— Appeler au hasard — dit Dagobert — c'est donner l'éveil si nous nous adressons mal...

— Mon Dieu, mon Dieu — reprit Agricol avec une angoisse croissante — être arrivés ici, sous leurs fenêtres... et ignorer...

— Le temps presse — dit vivement Dagobert en interrompant son fils — risquons le tout pour le tout.

— Comment, mon père?

— Je vais appeler Rose et Blanche à haute voix ; désespérées comme elles le sont, elles ne dorment pas, j'en suis sûr,... elles seront debout à mon premier appel... Au moyen de son drap attaché à la barre d'appui, en cinq minutes celle qui habite au premier sera dans nos bras. Quant à celle du rez-de-chaussée... si sa fenêtre n'est pas grillée, en une seconde elle est à nous... Sinon nous avons bien vite descellé un barreau.

— Mais, mon père... cet appel à voix haute?

— Peut-être ne l'entendra-t-on pas...

— Mais si on l'entend, tout est perdu.

— Qui sait? Avant qu'on ait eu le temps d'aller chercher les hommes de ronde et d'ouvrir plusieurs portes, les enfants peuvent être délivrées ; nous gagnons l'issue du boulevard et nous sommes sauvés...

— Le moyen est dangereux... mais je n'en vois pas d'autre.

— S'il n'y a que deux hommes, moi et Rabat-Joie nous nous chargeons de les maintenir s'ils accourent avant que l'évasion ne soit terminée ; et pendant ce temps-là tu enlèves les enfants.

— Mon père, un moyen... et un moyen sûr — s'écria tout à coup Agricol. — D'après ce que nous a dit la Mayeux, mademoiselle de Cardoville a correspondu par signes avec Rose et Blanche.

— Oui.

— Elle sait donc où elles habitent, puisque les pauvres enfants lui répondaient de leurs fenêtres.

— Tu as raison... il n'y a donc que cela à faire... allons au pavillon... Mais comment reconnaître?...

— La Mayeux me l'a dit : il y a une espèce d'auvent au-dessus de la croisée de la chambre de mademoiselle de Cardoville...

— Allons vite, ce ne sera rien que de briser une claire-voie en planches... As-tu la pince?

— La voilà.

— Vite, allons...

En quelques pas, Dagobert et son fils arrivèrent auprès de cette faible séparation; trois planches arrachées par Agricol lui ouvrirent un facile passage.

— Reste là, mon père... et fais le guet — dit-il à Dagobert en s'introduisant dans le jardin du docteur Baleinier.

La fenêtre signalée par la Mayeux était facile à reconnaître : elle était haute et large; une sorte d'auvent la surmontait ; car cette croisée avait été précédemment une porte ; murée plus tard jusqu'au tiers de sa hauteur, des barreaux de fer assez espacés la défendaient.

Depuis quelques instants, la pluie avait cessé; la lune, dégagée des nuages qui l'obscurcissaient naguère, éclairait en plein le pavillon; Agricol, s'approchant des carreaux, vit la chambre plongée dans l'obscurité; mais au fond de cette pièce une porte entre-bâillée laissait échapper une assez vive clarté.

Le forgeron, espérant que mademoiselle de Cardoville veillait encore, frappa légèrement aux vitres.

Au bout de quelques instants, la porte du fond s'ouvrit tout à fait ; mademoiselle de Cardoville, qui ne s'était pas encore couchée, entra dans la seconde chambre, vêtue comme elle l'était lors de son entretien avec la Mayeux : une bougie qu'Adrienne tenait à la main éclairait ses traits enchanteurs ; ils exprimaient alors la surprise et l'inquiétude...

## ESCALADE ET EFFRACTION.

La jeune fille posa son bougeoir sur une table, et parut écouter attentivement en s'avançant vers la fenêtre... Mais tout à coup elle tressaillit et s'arrêta brusquement.

Elle venait de distinguer vaguement la figure d'un homme regardant à travers ses carreaux.

Agricol, craignant que mademoiselle de Cardoville, effrayée, ne se réfugiât dans la pièce voisine, frappa de nouveau, et, risquant d'être entendu au dehors, il dit d'une voix assez haute :

— C'est Agricol Baudoin.

Ces mots arrivèrent jusqu'à Adrienne. Se rappelant aussitôt son entretien avec la Mayeux, elle pensa qu'Agricol et Dagobert s'étaient introduits dans le couvent pour enlever Rose et Blanche; courant alors vers la croisée, elle reconnut parfaitement Agricol à la brillante clarté de la lune et ouvrit sa fenêtre avec précaution.

— Mademoiselle — lui dit précipitamment le forgeron — il n'y a pas un instant à perdre; le comte de Montbron n'est pas à

Paris, mon père et moi nous venons vous délivrer.

— Merci, merci, monsieur Agricol — dit mademoiselle de Cardoville d'une voix accentuée par la plus touchante reconnaissance; — mais songez d'abord aux filles du général Simon...

— Nous y pensons, mademoiselle; je venais aussi vous demander où sont leurs fenêtres.

— L'une est au rez-de-chaussée, c'est la dernière du côté du jardin; l'autre est située absolument au-dessus de celle-ci... au premier étage.

— Maintenant elles sont sauvées! — s'écria le forgeron.

— Mais, j'y pense — reprit vivement Adrienne — le premier étage est assez élevé; vous trouverez là, près de cette chapelle en construction, de très-longues perches provenant des échafaudages; cela pourra peut-être vous servir.

— Cela me vaudra une échelle, pour arriver à la fenêtre du premier; maintenant il s'agit de vous, mademoiselle.

— Ne songez qu'à ces chères orphelines, le temps presse... Pourvu qu'elles soient libres cette nuit, il m'est indifférent de rester un jour ou deux de plus dans cette maison.

— Non, mademoiselle — s'écria le forgeron — il est, au contraire, pour vous de la plus haute importance de sortir d'ici cette nuit... il s'agit d'intérêts que vous ignorez; je n'en doute plus maintenant.

— Que voulez-vous dire?

— Je n'ai pas le temps de m'expliquer davantage; mais, je vous en conjure, mademoiselle... venez; je puis desceller deux barreaux de cette fenêtre... je cours chercher une pince...

— C'est inutile. On se contente de fermer et de verrouiller en dehors la porte de ce pavillon, que j'habite seule; il vous sera donc facile de briser la serrure.

—Et dix minutes après, nous serons sur le boulevard — dit le forgeron. — Vite, mademoiselle, apprêtez-vous; prenez un châle, un chapeau, car la nuit est bien froide. Je reviens à l'instant.

— Monsieur Agricol — dit Adrienne les larmes aux yeux — je sais ce que vous risquez pour moi. Je vous prouverai, je l'espère, que j'ai aussi bonne mémoire que vous... Ah!... vous et votre sœur adoptive, vous êtes de nobles et vaillantes créatures... Il m'est doux de vous devoir tant à tous deux... Mais ne revenez me chercher que lorsque les filles du maréchal Simon seront délivrées.

— Grâce à vos indications, c'est chose faite, mademoiselle, je cours rejoindre mon père et nous revenons vous chercher.

Agricol, suivant l'excellent conseil de mademoiselle de Cardoville, alla prendre, le long des murs de la chapelle, une de ces longues et fortes perches servant aux constructions, l'enleva sur ses robustes épaules et rejoignit lestement son père.

A peine Agricol avait-il dépassé la claire-voie pour se diriger vers la chapelle, noyée d'ombre, que mademoiselle de Cardoville crut apercevoir une forme humaine sortir d'un des massifs du jardin du couvent, traverser rapidement l'allée et disparaître derrière une haute charmille de buis. Adrienne, effrayée, appela en vain Agricol à voix basse, afin de l'avertir. Il ne pouvait plus l'entendre; déjà il avait rejoint son père, qui, dévoré d'impatience, allait écoutant, d'une fenêtre à l'autre, avec une angoisse croissante.

— Nous sommes sauvés! — lui dit Agricol à voix basse — voici les fenêtres de tes pauvres enfants : celle-ci au rez-de-chaussée... celle-là au premier.

— Enfin! — dit Dagobert avec un élan de joie impossible à rendre.

Et il courut examiner les fenêtres.

— Elles ne sont pas grillées! — s'écria-t-il.

— Assurons-nous d'abord si l'une des enfants est là — dit Agricol — ensuite, en appuyant cette perche le long du mur, je me hisserai jusqu'à la fenêtre du premier... qui n'est pas haute.

— Bien, mon garçon! une fois là, tu frapperas aux carreaux, tu appelleras Rose ou Blanche; quand elle t'aura répondu, tu redescendras; nous appuierons la perche à la barre d'appui de la fenêtre, et la pauvre enfant se laissera glisser; elles sont lestes et hardies... Vite... vite à l'ouvrage.

— Et ensuite nous irons délivrer mademoiselle de Cardoville.

Pendant qu'Agricol, soulevant la perche, la plaçait convenablement et se disposait à y monter, Dagobert, frappant aux carreaux de la dernière fenêtre du rez-de-chaussée, dit à voix haute :

— C'est moi... Dagobert...

Rose Simon habitait en effet cette chambre. La malheureuse enfant, désespérée d'être séparée de sa sœur, était en proie à une fièvre brûlante, ne dormait pas, et arrosait son chevet de ses larmes...

Au bruit que fit Dagobert en frappant aux vitres, elle tressaillit d'abord de frayeur; puis, entendant la voix du soldat, cette voix si chère, si connue, la jeune fille se dressa sur son séant, passa ses mains sur son front comme pour s'assurer qu'elle n'était pas le jouet d'un songe, puis, enveloppée de son long peignoir blanc, elle courut à la fenêtre en poussant un cri de joie.

Mais tout à coup... et avant qu'elle eût ouvert sa croisée, deux coups de feu retentirent, accompagnés de ces cris répétés :

— A la garde! Au voleur!...

L'orpheline resta pétrifiée d'épouvante, les yeux machinalement fixés sur la fenêtre, à travers laquelle elle vit confusément, à la clarté de la lune, plusieurs hommes lutter avec acharnement, tandis que les aboiements furieux de Rabat-Joie dominaient ces cris incessamment répétés :

— A la garde... Au voleur!... A l'assassin...

# CHAPITRE XIV.

## LA VEILLE D'UN GRAND JOUR.

Environ deux heures avant que les faits précédents se fussent passés au couvent de Sainte-Marie, Rodin et le P. d'Aigrigny étaient réunis dans le cabinet où on les a déjà vus rue du Milieu-des-Ursins. Depuis la révolution de juillet, le P. d'Aigrigny avait cru devoir transporter momentanément, dans cette habitation temporaire, les archives secrètes et la correspondance de son ordre; mesure prudente, car il devait craindre de voir les révérends pères expulsés par l'État du magnifique établissement dont la Restauration les avait libéralement gratifiés (1).

(1) Cette crainte était vaine, car on lit dans *le Constitutionnel* du 1er février 1832 (il y a douze ans de cela) :

« Lorsqu'en 1822, M. de Corbière anéantit brutalement
» cette brillante École normale qui en quelques années
» d'existence a créé ou développé tant de talents divers, il
» fut décidé que pour faire compensation on achèterait *l'hôtel*
» *de la rue des Postes* où elle siégeait et qu'on en gratifie-
» rait la congrégation du Saint-Esprit. — Le ministre de la
» marine fit les fonds de cette acquisition, et le local fut
» mis à la disposition de la Société qui régnait alors sur la
» France. Depuis cette époque elle a paisiblement occupé
» ce poste, qui était devenu une sorte d'hôtellerie où le jé-
» suitisme hébergeait et choyait les nombreux affiliés qui
» venaient de toutes les parties du pays se retremper auprès
» du P. Ronsin. Les choses en étaient là lorsque survint la
» révolution de juillet, qui semblait devoir débusquer la
» congrégation de ce local. Qui le croirait? Il n'en fut pas
» ainsi, on supprima l'allocation, mais on laissa les jésuites
» en possession de l'hôtel de la rue des Postes; et aujour-
» d'hui, 31 janvier 1832, les hommes du Sacré-Cœur *sont*
» *hébergés aux frais de l'état*, et pendant ce temps-là,
» l'École normale est sans asile, l'École normale, réorga-
» nisée, occupe un local infect dans un coin étroit du col-
» lége Louis-le-Grand. »

Voilà ce qu'on lisait dans *le Constitutionnel* en 1832, au sujet de l'hôtel de la rue des Postes; nous ignorons quelles sortes de transactions ont eu lieu depuis cette époque entre les RR. PP. et le gouvernement, mais nous retrouvons dans un article publié récemment par un journal sur l'organisation de la société de Jésus — l'hôtel de la rue

Rodin, toujours vêtu d'une manière sordide, toujours sale et crasseux, écrivait mo-

des Postes comme faisant partie des immeubles de la congrégation.

Citons quelques fragments de cet article :

« Voici la liste des biens qu'on connaît à cette partie de
» la Société de Jésus :

| | |
|---|---:|
| » La maison de la rue des Postes, qui vaut » peut-être. . . . . . . . . . . . . . . . | 500,000 |
| » Celle de la rue de Sèvres, estimée. . . . | 300,000 |
| » Une propriété à deux lieues de Paris. . . | 150,000 |
| » Une maison et une église à Bourges. . . | 100,000 |
| » Notre-Dame-de-Liesse, don fait en 1843. | 60,000 |
| » Saint-Acheul, maison du noviciat. . . . | 400,000 |
| » Nantes, une maison. . . . . , . . . . . . | 100,000 |
| » Quimper, idem. . . . . . . . . . . . . . | 40,000 |
| » Laval, maison et église. . . . . . . . . | 150,000 |
| » Rennes, maison. . . . . . . . . . . . . | 20,000 |
| » Vannes, idem. . . . . . . . . . . . . . | 40,000 |
| » Metz, idem. . . . . . . . . . . . . . | 40,000 |
| » Strasbourg, idem. . . . . . . . . . . . . | 60,000 |
| » Rouen, idem. . . . . . . . . . . . . , . . | 15,000 |

» On voit que ces diverses propriétés forment à peu de chose près 2 millions.

» L'enseignement est, en outre, pour les jésuites une source importante de revenus. Le seul collège de Brugelette leur rapporte 200,000 fr.

» Les deux provinces de France (le général des jésuites à Rome a partagé la France en deux circonscriptions, celle de Lyon — et celle de Paris) possèdent en outre en bons sur le Trésor, en actions sur les métalliques d'Autriche, plus de 200,000 fr. de rente ; chaque année la Propaga-

destement à son bureau, fidèle à son humble rôle de secrétaire, qui cachait, on l'a vu, une fonction bien autrement importante, celle de

tion de la foi fournit au moins de 40 à 50,000 fr. ; les prédicateurs récoltent bien de leurs sermons 150,000 fr. ; les aumônes pour une bonne œuvre ne montent pas à un chiffre moins élevé. Voilà donc un revenu de 540,000 fr. ; eh bien ! à ce revenu il faut ajouter le produit de la vente des ouvrages de la Société, et le bénéfice que l'on retire du commerce des gravures.

» Chaque planche revient, dessin et gravure compris, à 600 fr., et peut tirer dix mille exemplaires qui coûtent, tirage et papier, 40 fr. le mille. Or, on peut payer à l'éditeur responsable 250 fr. ; donc, sur chaque mille, bénéfice net : 210 fr. N'est-ce pas bien opérer ? et on peut imaginer avec quelle rapidité tout cela s'écoule. Les pères sont eux-mêmes les commis-voyageurs de la maison, et il serait difficile d'en trouver de plus zélés et de plus persévérants. Ceux-là sont toujours reçus, ils ne connaissent pas les ennuis du refus. Il est bien entendu que l'éditeur est un homme à eux. Le premier qu'ils choisirent pour ce rôle d'intermédiaire, fut le *socius* du procureur N.-V. J...... Ce *socius* avait quelque fortune ; cependant ils furent obligés de lui faire des avances pour les frais de premier établissement. Quand ils virent s'assurer la prospérité de cette industrie, ils réclamèrent tout à coup leurs avances ; l'éditeur n'était pas en mesure de rembourser : ils le savaient bien ; mais ils avaient à lui donner un successeur riche, avec lequel ils pouvaient traiter à des conditions plus avantageuses, et ils ruinèrent sans pitié leur *socius* en brisant la position dont ils lui avaient moralement garanti la durée. »

*socius,* fonction qui, selon les constitutions de l'ordre, consiste à ne pas quitter son supérieur, à surveiller, à épier ses moindres actions, ses plus légères impressions, et à en rendre compte à Rome.

Malgré son habituelle impassibilité, Rodin semblait visiblement inquiet et préoccupé; il répondait d'une manière encore plus brève que de coutume aux ordres ou aux questions du P. d'Aigrigny, qui venait de rentrer.

— Y a-t-il eu quelque chose de nouveau pendant mon absence?—demanda-t-il à Rodin— les rapports se sont-ils succédé favorables?

— Très-favorables.

— Lisez-les-moi.

— Avant d'en rendre compte à Votre Révérence — dit Rodin — je dois la prévenir que depuis deux jours Morok est ici.

— Lui! — dit l'abbé d'Aigrigny avec surprise. — Je croyais qu'en quittant l'Allemagne et la Suisse il avait reçu de Fribourg l'ordre de se diriger vers le Midi. A Nîmes, à Avignon, dans ce moment, il aurait pu être un intermédiaire utile... car les protestants s'agitent, et l'on craint une réaction contre les catholiques.

— J'ignore — dit Rodin — si Morok a eu des raisons particulières de changer son itinéraire. Quant à ses raisons apparentes, il m'a appris qu'il allait donner ici des représentations.

— Comment cela?

— Un agent dramatique l'a engagé, à son passage à Lyon, lui et sa ménagerie, pour le théâtre de la Porte-Saint-Martin, à un prix très-élevé. Il n'a pas cru devoir refuser cet avantage, a-t-il ajouté.

— Soit — dit le P. d'Aigrigny en haussant les épaules — mais par la propagation des petits livres, par la vente des chapelets et des gravures, ainsi que par l'influence qu'il aurait certainement exercée sur des populations religieuses et peu avancées, telles que celles du Midi ou de la Bretagne, il pouvait rendre des services qu'il ne rendra jamais à Paris.

— Il est en bas avec une espèce de géant qui l'accompagne; car, en sa qualité d'ancien serviteur de Votre Révérence, Morok espérait avoir l'honneur de vous baiser la main ce soir.

— Impossible... impossible... Vous savez comment cette soirée est occupée... Est-on allé rue Saint-François?

— On y est allé... Le vieux gardien juif a été, dit-il, prévenu par le notaire... Demain, à six heures du matin, des maçons abattront la porte murée, et, pour la première fois depuis 150 ans, cette maison sera ouverte.

Le père d'Aigrigny resta un moment pensif; puis il dit à Rodin :

— A la veille d'un moment si décisif, il faut ne rien négliger, se remettre tout en mémoire. Relisez-moi la copie de cette note, insérée dans les archives de la Société, il y a un siècle et demi, au sujet de M. de Rennepont.

Le secrétaire prit une note dans un casier, et lut ce qui suit :

« Ce jourd'hui, 19 février 1682, le R. P.
» provincial Alexandre Bourdon a envoyé
» l'avertissement suivant, avec ces mots en
» marge : *extrêmement considérable pour l'a-*
» *venir*.

» On vient de découvrir, par les aveux d'un

» mourant qu'un de nos pères a assisté, une
» chose fort secrète.

» M. Marius de Rennepont, l'un des chefs
» les plus remuants et les plus redoutables
» de la religion réformée, l'un des ennemis
» les plus acharnés de notre sainte compa-
» gnie, était apparemment rentré dans le gi-
» ron de notre maternelle église, à la seule et
» unique fin de sauver ses biens menacés de
» la confiscation à cause de ses déportements
» irréligieux et damnables; les preuves ayant
» été fournies par différentes personnes de
» notre compagnie comme quoi la conver-
» sion du sieur de Rennepont n'était pas sin-
» cère et cachait un leurre sacrilége, les biens
» dudit sieur, dès lors considéré comme *relaps*,
» ont été ce pourquoi, confisqués par S. M. no-
» tre roi Louis XIV, et ledit sieur de Rennepont
» condamné perpétuellement aux galères (1),

---

(1) Louis XIV, le grand roi, punissait des galères perpé-
tuelles les protestants qui, après s'être convertis souvent
forcément, revenaient à leur première croyance. Quant aux
protestants qui restaient en France malgré la rigueur des
édits, ils étaient privés de sépulture, traînés sur la claie et
livrés aux chiens.

LA VEILLE D'UN GRAND JOUR.

» auxquelles il a échappé par une mort volon-
» taire, ensuite duquel crime abominable il
» a été traîné sur la claie, et son corps aban-
» donné aux chiens de la voirie.

» Ces prémisses exposées, l'on arrive à la
» chose secrète, si extrêmement considérable
» pour l'avenir et l'intérêt de notre Société.

» S. M. Louis XIV, dans sa paternelle et
» catholique bonté pour l'Église et en particu-
» lier pour notre ordre, nous avait accordé le
» profit de cette confiscation, en gratitude de
» ce que nous avions concouru à dévoiler le
» sieur de Rennepont comme relaps infâme
» et sacrilége...

» Nous venons d'apprendre ASSURÉMENT
» qu'à cette confiscation, et conséquemment
» à notre Société, ont été soustraites une mai-
» son, sise à Paris, rue Saint-François, n° 3, et
» une somme de cinquante mille écus en or.

» La maison a été cédée avant la confisca-
» tion, moyennant une vente simulée, à un
» ami du sieur Rennepont, très-bon catholi-
» que cependant et bien malheureusement,
» car on ne peut sévir contre lui.

» Cette maison, grâce à la connivence cou-

» pable mais inattaquable de cet ami, a été
» murée, et ne doit être ouverte que dans un
» siècle et demi, selon les dernières volontés
» du sieur de Rennepont.

» Quant aux cinquante mille écus en or,
» ils ont été placés en mains malheureuse-
» ment inconnues jusqu'ici, à cette fin d'être
» capitalisés et exploités durant cent cinquante
» ans, pour être partagés, à l'expiration des-
» dites cent cinquante années, entre les des-
» cendants alors existants du sieur de Renne-
» pont, somme qui, moyennant tant d'accu-
» mulations, sera devenue énorme, et atteindra
» nécessairement le chiffre de quarante ou
» cinquante millions de livres tournois.

» Par des motifs demeurés inconnus, et qu'il
» a consignés dans un testament, le sieur de
» Rennepont a caché à sa famille, que les édits
» contre les protestants ont chassée de France
» et exilée en Europe, a caché le placement des
» cinquante mille écus; conviant seulement
» ses parents à perpétuer dans leur lignée de
» génération en génération la recommanda-
» tion aux derniers survivants de se trouver
» réunis, à Paris, dans cent cinquante ans,

» rue Saint-François, le 13 FÉVRIER 1832, et,
» pour que cette recommandation ne s'ou-
» bliât pas, il a chargé un homme dont l'état
» est inconnu, mais dont le signalement est
» connu, de faire fabriquer des médailles de
» bronze où ce vœu et cette date sont gravés,
» et d'en faire parvenir une à chaque per-
» sonne de sa famille, mesure d'autant plus
» nécessaire que, par un autre motif égale-
» ment ignoré et que l'on suppose aussi ex-
» pliqué dans le testament, les héritiers seront
» tenus de se présenter ledit jour, avant midi,
» *en personne* et non par représentants, faute
» de quoi ils seraient exclus du partage.

» L'homme inconnu qui est parti pour
» distribuer ces médailles aux membres de la
» famille Rennepont est un homme de trente
» à trente-six ans, de mine fière et triste, de
» haute stature; il a les sourcils noirs, épais
» et singulièrement rejoints; il se fait appeler
» *Joseph ;* on soupçonne fort ce voyageur
» d'être un actif et dangereux émissaire de ces
» forcenés républicains et réformés des *sept*
» *provinces unies.*

» De ce qui précède il résulte que cette

» somme confiée par ce relaps à une main
» inconnue, d'une façon subreptice, a échap-
» pé à la confiscation à nous octroyée par
» notre bien-aimé roi ; c'est donc un dom-
» mage énorme, un dol monstrueux, dont
» nous sommes tenus de nous récupérer, sinon
» quant au présent, du moins quant à l'avenir.

» Notre compagnie étant, pour la plus
» grande gloire de Dieu et de notre *saint père*,
» impérissable, il sera facile, grâce aux rela-
» tions que nous avons par toute la terre au
» moyen des missions et autres établissements,
» de suivre dès à présent la filiation de cette
» famille Rennepont de génération en géné-
» ration, de ne jamais la perdre de vue, afin
» que dans cent cinquante ans, au moment
» du partage de cette immense fortune accu-
» mulée, notre compagnie puisse rentrer dans
» ce bien qui lui a été traîtreusement dérobé,
» et y rentrer *per fas aut nefas*, par quelque
» moyen que ce soit, même par ruse ou par
» violence, notre compagnie n'étant tenue
» d'agir autrement à l'encontre des détenteurs
» futurs de nos biens si malicieusement lar-
» ronnés par ce relaps infâme et sacrilége...

» pour ce qu'il est enfin légitime de défen-
» dre, conserver et récupérer son bien par
» tous les moyens que le Seigneur met entre
» nos mains.

» Jusqu'à restitution complète, cette famille
» de Rennepont sera donc damnable et ré-
» prouvée, comme une lignée maudite de ce
» Caïn de relaps, et il sera bon de la toujours
» furieusement surveiller.

» Pour ce faire, il sera urgent que chaque
» année, à partir de ce jour d'hui, l'on établisse
» une sorte d'enquête sur la position succes-
» sive des membres de cette famille. »

Rodin s'interrompit, et dit au père d'Aigrigny :

— Suit le compte-rendu, année par année, de la position de cette famille depuis 1682 jusqu'à nos jours. Il est inutile de le lire à Votre Révérence?

— Très-inutile — dit l'abbé d'Aigrigny — cette note résume parfaitement les faits... — Puis, après un moment de silence, il reprit avec une expression d'orgueil triomphant :
— Combien est grande la puissance de l'association, appuyée sur la tradition et sur la

perpétuité!... Grâce à cette note insérée dans nos archives depuis un siècle et demi... cette famille a été surveillée de génération en génération;.. toujours notre ordre a eu les yeux fixés sur elle, la suivant sur tous les points du globe où l'exil l'avait disséminée... Enfin demain nous rentrerons dans cette créance peu considérable d'abord, et que cent cinquante ans ont changée en une fortune royale.... Oui... nous réussirons, car je crois avoir prévu toutes les éventualités... Une seule chose pourtant me préoccupe vivement.

— Laquelle? — demanda Rodin.

— Je songe à ces renseignements que l'on a déjà, mais en vain, essayé d'obtenir du gardien de la maison de la rue Saint-François. A-t-on tenté encore une fois, ainsi que j'en avais donné l'ordre?

— On l'a tenté...

— Eh bien?

— Cette fois, comme les autres, ce vieux juif est resté impénétrable; il est, d'ailleurs, presque en enfance, et sa femme ne vaut guère mieux que lui.

— Quand je songe — reprit le P. d'Aigrigny—que depuis un siècle et demi que cette maison de la rue Saint-François a été murée et fermée, sa garde s'est perpétuée de génération en génération, dans cette famille de Samuels, je ne puis croire qu'ils aient tous ignoré qui ont été et qui sont les dépositaires successifs de ces fonds devenus immenses par leur accumulation.

— Vous l'avez vu — dit Rodin — par les notes du dossier de cette affaire, que l'ordre a toujours très-soigneusement suivie depuis 1682. A diverses époques on a tenté d'obtenir quelques renseignements à ce sujet, que la note du P. Bourdon n'éclaircissait pas. Mais cette race de gardiens juifs est restée muette, d'où l'on doit conclure qu'ils ne savaient rien.

— C'est ce qui m'a toujours semblé impossible... car enfin... l'aïeul de tous ces Samuels a assisté à la fermeture de cette maison il y a cent cinquante ans. Il était, dit le dossier, l'homme de confiance ou domestique de M. de Rennepont. Il est impossible qu'il n'ait pas été instruit de bien des choses dont la tradition se sera sans doute perpétuée dans sa famille.

— S'il m'était permis de hasarder une petite observation — dit humblement Rodin.

— Parlez...

— Il y a très-peu d'années, qu'on a eu la certitude, par une confidence de confessionnal, que les fonds existaient et qu'ils avaient atteint un chiffre énorme.

— Sans doute : c'est ce qui a rappelé vivement l'attention du R. P. général sur cette affaire...

— On sait donc, ce que probablement tous les descendants de la famille Rennepont ignorent, l'immense valeur de cet héritage?

— Oui — répondit le père d'Aigrigny — la personne qui a certifié ce fait à son confesseur est digne de toute croyance... Dernièrement encore, elle a renouvelé cette déclaration;... mais, malgré toutes les instances de son directeur, elle a refusé de faire connaître entre les mains de qui étaient les fonds, affirmant toutefois qu'ils ne pouvaient être placés en des mains plus loyales.

— Il me semble alors — reprit Rodin — que l'on est certain de ce qu'il y a de plus important à savoir.

— Et qui sait si le détenteur de cette somme énorme se présentera demain, malgré la loyauté qu'on lui prête? Malgré moi, plus le moment approche, plus mon anxiété augmente... Ah!— reprit le P. d'Aigrigny après un moment de silence — c'est qu'il s'agit d'intérêts si immenses, que les conséquences du succès seraient incalculables... Enfin, du moins... tout ce qu'il était possible de faire aura été tenté.

A ces mots, que le père d'Aigrigny adressait à Rodin, comme s'il eût demandé son adhésion, le *socius* ne répondit rien...

L'abbé, le regardant avec surprise, lui dit :

— N'êtes-vous pas de cet avis? pouvait-on oser davantage? n'est-on pas allé jusqu'à l'extrême limite du possible?

Rodin s'inclina respectueusement, mais resta muet.

— Si vous pensez que l'on a omis quelque précaution — s'écria le P. d'Aigrigny avec une sorte d'impatience inquiète — dites-le... Il est temps encore... Encore une fois, croyez-vous que tout ce qu'il était possible de faire ait été fait? Tous les descendants enfin écartés,

Gabriel en se présentant demain rue Saint-François ne sera-t-il pas le seul représentant de cette famille et, par conséquent, le seul possesseur de cette immense fortune? Or, d'après sa renonciation et d'après nos statuts, ce n'est pas lui, mais notre ordre qui possédera. Pouvait-on agir mieux ou autrement? Parlez franchement.

— Je ne puis me permettre d'émettre une opinion à ce sujet — reprit humblement Rodin en s'inclinant de nouveau — le bon ou le mauvais succès répondront à Votre Révérence...

Le P. d'Aigrigny haussa les épaules et se reprocha d'avoir demandé quelque conseil à cette machine à écrire qui lui servait de secrétaire, et qui n'avait selon lui que trois qualités, la mémoire, la discrétion et l'exactitude.

# CHAPITRE XV.

L'ÉTRANGLEUR.

Après un moment de silence, le P. d'Aigrigny reprit :

— Lisez-moi les rapports de la journée sur la situation de chacune des personnes signalées.

— Voici celui de ce soir,... on vient de l'apporter.

— Voyons.

Rodin lut ce qui suit :

« — Jacques Rennepont, dit Couche-tout-
» Nu, a été *vu* dans l'intérieur de la prison
» pour dettes, à huit heures, ce soir... »

— Celui-ci ne nous inquiétera pas demain... Et d'un... Continuez.

« — Madame la supérieure du couvent de
» Sainte-Marie, avertie par madame la prin-
» cesse de Saint-Dizier, a cru devoir enfermer
» plus étroitement encore les demoiselles Rose
» et Blanche Simon. Ce soir, à neuf heures,
» elles ont été enfermées soigneusement dans
» leur cellule, et des rondes armées veille-
» ront la nuit dans le jardin du couvent. »

— Rien non plus à craindre de ce côté, grâce à ces précautions — dit le P. d'Aigrigny. — Continuez.

« — M. le docteur Baleinier, aussi prévenu
» par madame la princesse de Saint-Dizier,
» continue de faire très-rigoureusement sur-
» veiller mademoiselle de Cardoville; à huit
» heures trois quarts la porte de son pavillon
» a été verrouillée et fermée. »

— Encore un sujet d'inquiétude de moins...

— Quant à M. Hardy — reprit Rodin — j'ai reçu ce matin de Toulouse un billet de M. de Bressac, son ami intime, qui nous a servi si heureusement à éloigner ce manufacturier depuis quelques jours; ce billet contient une lettre de M. Hardy adressée à une personne de confiance. M. de Bressac a cru devoir détourner cette lettre de sa destination et nous l'envoyer comme une preuve nouvelle du succès de ses démarches, dont il espère que nous lui tiendrons compte; car, ajoute-t-il, pour nous servir il trahit son ami intime de la manière la plus indigne en jouant une odieuse comédie. Aussi maintenant M. de Bressac ne doute pas qu'après ses excellents offices on ne lui remette les pièces qui le placent dans notre dépendance absolue, puisque ces pièces peuvent perdre à jamais une femme qu'il aime d'un amour adultère et passionné... Il dit enfin qu'on doit avoir pitié de l'horrible alternative où on l'a placé, de voir perdre et déshonorer la femme qu'il adore, ou de trahir d'une manière infâme son ami intime.

— Ces doléances adultères ne méritent aucune pitié — répondit dédaigneusement le P. d'Aigrigny. — D'ailleurs, on avisera... M. de Bressac peut nous être encore utile. Mais voyons cette lettre de M. Hardy, ce manufacturier impie et républicain, bien digne descendant de cette lignée maudite, et qu'il était si important d'écarter.

— Voici la lettre de M. Hardy — reprit Rodin — on la fera parvenir demain à la personne à qui elle est adressée.

Et Rodin lut ce qui suit :

« Toulouse, 10 février.

» Enfin je retrouve le moment de vous
» écrire, mon cher monsieur, et de vous ex-
» pliquer la cause de ce départ si brusque qui
» a dû, non pas vous inquiéter, mais vous
» étonner. Je vous écris aussi pour vous de-
» mander un service. En deux mots, voici les
» faits. Je vous ai bien souvent parlé de Fé-
» lix de Bressac, un de mes camarades d'en-
» fance, pourtant bien moins âgé que moi;
» nous nous sommes toujours aimés tendre-
» ment, et nous avons mutuellement échangé
» assez de preuves de sérieuse affection pour
» pouvoir compter l'un sur l'autre. C'est pour
» moi un *frère*. Vous savez ce que j'entends
» par ces paroles. Il y a plusieurs jours, il m'a

» écrit de Toulouse, où il était allé passer
» quelque temps :

« *Si tu m'aimes, viens, j'ai besoin de toi...*
» *Pars à l'instant... Tes consolations me donne-*
» *ront peut-être le courage de vivre... Si tu arri-*
» *vais trop tard... pardonne-moi et pense quelque-*
» *fois à celui qui sera jusqu'à la fin ton meilleur*
» *ami.* »

» Vous jugez de ma douleur et de mon
» épouvante. Je demande à l'instant des che-
» vaux ; mon chef d'atelier, un vieillard que
» j'estime et que je révère, le père du général
» Simon, apprenant que j'allais dans le Midi,
» me prie de l'emmener avec moi ; je devais
» le laisser durant quelques jours dans le dé-
» partement de la Creuse, où il désirait étudier
» des usines récemment fondées. Je consentis
» d'autant plus volontiers à ce voyage, que je
» pouvais au moins épancher le chagrin et
» les angoisses que me causait la lettre de
» Bressac.

» J'arrive à Toulouse ; on m'apprend qu'il
» est parti la veille, emportant des armes, et
» en proie au plus violent désespoir. Impos-
» sible de savoir d'abord où il est allé ; au

» bout de deux jours quelques indications re-
» cueillies à grand'peine me mettent sur ses
» traces ; enfin, après mille recherches, je
» le découvre dans un misérable village. Ja-
» mais, non, jamais, je ne vis un désespoir pa-
» reil ; rien de violent, mais un abattement
» sinistre, un silence farouche. D'abord il me
» repoussa presque ; puis cette horrible dou-
» leur, arrivée à son comble, se détendit peu
» à peu, et au bout d'un quart d'heure il
» tomba dans mes bras en fondant en lar-
» mes... Près de lui étaient ses armes char-
» gées... Un jour plus tard, peut-être... et
» c'était fait de lui... Je ne puis vous appren-
» dre la cause de son désespoir affreux, ce
» secret n'est pas le mien ; mais son désespoir
» ne m'a pas étonné... Que vous dirai-je?
» c'est une cure complète à faire. Main-
» tenant il faut calmer, soigner, cicatriser
» cette pauvre âme, si cruellement déchirée.
» L'amitié seule peut entreprendre cette tâ-
» che délicate, et j'ai bon espoir... Je l'ai dé-
» cidé à partir et à faire un voyage de quel-
» que temps ; le mouvement, la distraction,
» lui seront favorables... Je le mène à Nice ;

» demain nous partons... S'il veut prolonger
» cette excursion, nous la prolongerons, car
» mes affaires ne me rappelleront pas impé-
» rieusement à Paris avant la fin du mois de
» mars.

» Quant au service que je vous demande,
» il est conditionnel. Voici le fait :

» Selon quelques papiers de famille de
» ma mère, il paraît que j'aurais eu un cer-
» tain intérêt à me trouver à Paris le 13 fé-
» vrier, rue Saint-François, n° 3. Je m'étais
» informé; je n'avais rien appris, sinon que
» cette maison de très-antique apparence était
» fermée depuis cent cinquante ans, par une
» bizarrerie d'un de mes aïeux maternels, et
» qu'elle devait être ouverte le 13 de ce mois
» en présence des cohéritiers, qui, si j'en ai,
» me sont inconnus. Ne pouvant y assister,
» j'ai écrit au père du général Simon, mon
» chef d'atelier, en qui j'ai toute confiance, et
» que j'avais laissé dans le département de la
» Creuse, de partir pour Paris, afin de se
» trouver à l'ouverture de cette maison, non
» comme mon mandataire, cela serait inutile,
» mais comme curieux, et de me faire savoir

» à Nice ce qu'il adviendra de cette volonté
» romanesque d'un de mes grands-parents.
» Comme il se peut que mon chef d'atelier
» arrive trop tard pour accomplir cette mis-
» sion, je vous serais mille fois obligé de vous
» informer chez moi, au Plessis, s'il est ar-
» rivé, et, dans le cas contraire, de le rempla-
» cer à l'ouverture de la maison de la rue
» Saint-François.

» Je crois bien n'avoir fait à mon pauvre
» ami Bressac qu'un insignifiant sacrifice en
» ne me trouvant pas à Paris ce jour-là ; mais
» ce sacrifice eût-il été immense, je m'en ap-
» plaudirais encore, car mes soins et mon
» amitié étaient nécessaires à celui que je re-
» garde comme un frère.

» Ainsi, allez à l'ouverture de cette maison,
» je vous en prie, et soyez assez bon pour m'é-
» crire poste restante, à Nice, le résultat de
» votre mission de curieux, etc.

» FRANÇOIS HARDY. »

— Quoique sa présence ne puisse avoir aucune fâcheuse importance, il serait préférable que le père du maréchal Simon n'assistât pas demain à l'ouverture de cette maison — dit le P. d'Aigrigny. — Mais il n'importe; M. Hardy est sûrement éloigné : il ne s'agit plus que du jeune prince indien.

— Quant à lui — reprit le P. d'Aigrigny d'un air pensif — on a fait sagement de laisser partir M. Norval, porteur des présents de mademoiselle de Cardoville pour ce prince. Le médecin qui accompagne M. Norval, et qui a été choisi par M. Baleinier, n'inspirera de la sorte aucun soupçon...

— Aucun — reprit Rodin. — Sa lettre d'hier était complétement rassurante.

— Ainsi, rien à craindre non plus du prince indien, dit le P. d'Aigrigny, tout va pour le mieux.

— Quant à Gabriel — reprit le P. Rodin — il a écrit de nouveau ce matin pour obtenir de Votre Révérence l'entretien qu'il sollicite vainement depuis trois jours ; il est affecté de la rigueur de la punition qu'on lui a infligée en lui défendant depuis cinq jours de sortir de notre maison.

— Demain... en le conduisant rue Saint-

François, je l'écouterai... il sera temps... Ainsi donc à cette heure — dit le P. d'Aigrigny d'un air de satisfaction triomphante — tous les descendants de cette famille, dont la présence pouvait ruiner nos projets, sont dans l'impossibilité de se trouver demain avant midi rue Saint-François, tandis que Gabriel seul y sera... Enfin nous touchons au but.

Deux coups discrètement frappés interrompirent le P. d'Aigrigny.

— Entrez — dit-il.

Un vieux serviteur vêtu de noir se présenta et dit :

— Il y a en bas un homme qui désire parler à l'instant à M. Rodin pour affaire très-urgente.

— Son nom? — demanda le P. d'Aigrigny.

— Il n'a pas dit son nom, mais il dit qu'il vient de la part de M. Josué... négociant de l'île de Java.

Le P. d'Aigrigny et Rodin échangèrent un coup d'œil de surprise, presque de frayeur.

— Voyez ce que c'est que cet homme... — dit le P. d'Aigrigny à Rodin sans pouvoir cacher son inquiétude, et venez ensuite me rendre compte.

Puis, s'adressant au domestique qui sortit :

— Faites entrer.

Ce disant, le P. d'Aigrigny, après avoir échangé un signe expressif avec Rodin, disparut par une porte latérale.

Une minute après, Faringhea, l'ex-chef de la secte des Étrangleurs, parut devant Rodin, qui le reconnut aussitôt pour l'avoir vu au château de Cardoville.

Le *socius* tressaillit, mais il ne voulut pas paraître se souvenir de ce personnage.

Cependant, toujours courbé sur son bureau, et ne semblant pas voir Faringhea, il écrivit aussitôt quelques mots à la hâte sur une feuille de papier placée devant lui.

— Monsieur... — reprit le domestique étonné du silence de Rodin — voici cette personne...

Rodin plia le billet qu'il venait d'écrire précipitamment et dit au serviteur :

— Faites porter ceci à son adresse... On m'apportera la réponse.

Le domestique salua et sortit.

Alors Rodin, sans se lever, attacha ses petits yeux de reptile sur Faringhea et lui dit courtoisement :

— A qui, monsieur, ai-je l'honneur de parler?

## CHAPITRE XVI.

LES DEUX FRÈRES DE LA BONNE-OEUVRE.

Faringhea, né dans l'Inde, avait, on l'a dit, beaucoup voyagé et fréquenté les comptoirs européens des différentes parties de l'Asie ; parlant bien l'anglais et le français, rempli d'intelligence et de sagacité, il était parfaitement *civilisé*.

Au lieu de répondre à la question de Rodin, il attachait sur lui un regard fixe et pénétrant; le *socius*, impatienté de ce silence, et pressentant avec une vague inquiétude que l'arrivée de Faringhea avait quelque rapport direct ou indirect avec la destinée de Djalma, reprit en affectant le plus grand sang-froid.

— A qui, monsieur, ai-je l'honneur de parler ?

— Vous ne me reconnaissez pas ?

Dit Faringhea, faisant deux pas vers la chaise de Rodin.

— Je ne crois pas avoir jamais eu l'honneur de vous voir — répondit froidement celui-ci.

— Et moi, je vous reconnais, dit Faringhea, — je vous ai vu au château de Cardoville le jour du naufrage du bateau à vapeur et du trois-mâts.

— Au château de Cardoville ? c'est possible.... monsieur, j'y étais en effet un jour de naufrage....

— Et ce jour-là je vous ai appelé par votre nom. Vous m'avez demandé ce que je voulais de vous... je vous ai répondu : *Maintenant rien, frère ;.. plus tard beaucoup...* Le temps est venu... je viens vous demander beaucoup.

— Mon cher monsieur — dit Rodin toujours impassible — avant de continuer cet entretien, jusqu'ici passablement obscur, je désirerais savoir, je vous le répète, à qui j'ai l'avantage de parler... vous vous êtes introduit ici sous prétexte d'une commission de M. Josué Van-Daël... respectable négociant de Batavia, et...

— Vous connaissez l'écriture de M. Josué? Dit Faringhea en interrompant Rodin.

— Je la connais parfaitement.

— Regardez...

Et le métis tirant de sa poche (il était assez pauvrement vêtu à l'européenne) la longue dépêche dérobée par lui à Mahal, le contrebandier de Java, après l'avoir étranglé sur la grève de Batavia, mit ces papiers sous les yeux de Rodin, sans cependant s'en dessaisir.

— C'est en effet de l'écriture de M. Josué. Dit Rodin, et il tendit la main vers la lettre, que Faringhea remit lestement et prudemment dans sa poche.

— Vous avez, mon cher monsieur, permettez-moi de vous le dire, une singulière manière de faire les commissions... — dit Rodin. — Cette lettre étant à mon adresse... et vous ayant été confiée par M. Josué... vous devriez...

— Cette lettre ne m'a pas été confiée par Josué — dit Faringhea en interrompant Rodin.

— Comment l'avez-vous entre les mains?

— Un contrebandier de Java m'avait trahi; Josué avait assuré le passage de cet homme pour Alexandrie et lui avait remis cette lettre, qu'il devait porter à bord, pour la malle d'Europe. J'ai étranglé le contrebandier, j'ai pris la lettre, j'ai fait la traversée... et me voici...

L'Étrangleur avait prononcé ces mots avec une jactance farouche; son regard fauve et intrépide ne s'abaissa pas devant le regard perçant de Rodin, qui, à cet étrange aveu, avait redressé vivement la tête pour observer ce personnage.

Faringhea croyait étonner ou intimider Rodin par cette espèce de forfanterie féroce; mais, à sa grande surprise, le *socius*, toujours impassible comme un cadavre, lui dit simplement :

— Ah !.. on étrangle ainsi... à Java?

— Et ailleurs... aussi — répondit Faringhea avec un sourire amer.

— Je ne veux pas vous croire;... mais je vous trouve d'une étonnante sincérité, monsieur... Votre nom?...

— Faringhea.

— Eh bien! monsieur Faringhea, où voulez-vous en venir?.. Vous vous êtes emparé, par un crime abominable, d'une lettre à moi adressée ; maintenant vous hésitez à me la remettre...

— Parce que je l'ai lue... et qu'elle peut me servir.

— Ah!.. vous l'avez lue? — dit Rodin un instant troublé. — Puis il reprit : — Il est vrai que, d'après votre manière de vous charger de la correspondance d'autrui, on ne peut s'attendre à une extrême discrétion de votre part... Et qu'avez-vous appris de si utile pour vous dans cette lettre de M. Josué?

— J'ai appris, frère... que vous étiez comme moi un fils de la Bonne-OEuvre.

— De quelle bonne œuvre voulez-vous parler? — demanda Rodin assez étonné.

Faringhea répondit avec une expression d'ironie amère :

— Dans sa lettre Josué vous dit :

*Obéissance et courage, secret et patience, ruse et audace, union entre nous, qui avons pour patrie le monde, pour famille ceux de notre ordre, et pour reine Rome.*

— Il est possible que M. Josué m'écrive ceci. Mais qu'en concluez-vous, monsieur?

— Notre œuvre a, comme la vôtre, frère, le monde pour patrie; comme vous, pour famille nous avons nos complices, et pour reine *Bohwanie*.

— Je ne connais pas cette sainte — dit humblement Rodin.

— C'est notre Rome, à nous — répondit l'Étrangleur, et il poursuivit :

— Josué vous parle encore de ceux de votre œuvre qui, répandus sur toute la terre, travaillent à la gloire de Rome, votre reine.

— Ceux de notre œuvre travaillent ainsi dans divers pays à la gloire de Bohwanie.

— Et quels sont ces fils de Bohwanie, monsieur Faringhea?

— Des hommes résolus, audacieux, patients, rusés, opiniâtres, qui, pour faire triompher la bonne-œuvre, sacrifient pays, père et mère, sœur et frère, et qui regardent comme ennemis tous ceux qui ne sont pas des leurs.

— Il me paraît y avoir beaucoup de bon dans l'esprit persévérant et religieusement exclusif de cette œuvre — dit Rodin d'un air modeste et béat... — Seulement, il faudrait connaître ses fins et son but.

— Comme vous, frères... nous faisons des cadavres.

— Des cadavres! — s'écria Rodin.

— Dans sa lettre — reprit Faringhea — Josué vous dit : *La plus grande gloire de notre ordre est de faire de l'homme un cadavre* (1). Notre œuvre fait aussi de l'homme un cadavre... La mort des hommes est douce à Bohwanie.

— Mais, monsieur — s'écria Rodin — M. Josué parle de l'âme... de la volonté, de la pensée qui doivent être anéanties par la discipline.

— C'est vrai, les vôtres tuent l'âme... nous tuons les corps. Votre main, frère : vous êtes, comme nous, chasseurs d'hommes.

(1) Rappelons au lecteur que la doctrine de l'obéissance passive et absolue, principal levier de la Compagnie de Jésus, se résume par ces mots terribles de Loyola mourant : *que tout membre de l'ordre soit dans les mains de ses supérieurs* COMME UN CADAVRE, PERINDE AC CADAVER.

— Mais encore une fois, monsieur, il s'agit de tuer la volonté, la pensée — dit Rodin.

— Et que sont des corps privés d'âme, de volonté, de pensée, sinon des cadavres?... Allez, allez, frère, les morts que fait notre lacet ne sont pas plus inanimés, plus glacés, que ceux que fait votre discipline. Allons, touchez là, frère... Rome et Bohwanie sont sœurs.

Malgré son calme apparent, Rodin ne voyait pas sans une secrète frayeur un misérable de l'espèce de Faringhea détenteur d'une longue lettre de Josué, où il devait être nécessairement question de Djalma. A la vérité, Rodin se croyait certain d'avoir mis le jeune Indien dans l'impossibilité d'être à Paris le lendemain ; mais, ignorant les relations qui avaient pu se nouer depuis le naufrage entre le prince et le métis, il regardait Faringhea comme un homme probablement fort dangereux.

Plus le *socius* était intérieurement inquiet, plus il affecta de paraître calme et dédaigneux. Il reprit donc :

— Sans doute ce rapprochement entre

Rome et Bohwanie est fort piquant... Mais qu'en concluez-vous, monsieur?

— Je veux vous montrer, frère, ce que je suis, ce dont je suis capable, afin de vous convaincre qu'il vaut mieux m'avoir pour ami que pour ennemi.

— En d'autres termes, monsieur — dit Rodin avec une ironie méprisante — vous appartenez à une secte meurtrière de l'Inde, et vous voulez, par une transparente allégorie, me donner à réfléchir sur le sort de l'homme à qui vous avez dérobé les lettres qui m'étaient adressées; à mon tour, je me permettrai de vous faire observer en toute humilité, monsieur Faringhea, qu'ici on n'étrangle personne, et que si vous aviez la fantaisie de vouloir changer quelqu'un en cadavre pour l'amour de Bohwanie, votre divinité, on vous couperait le cou pour l'amour d'une autre divinité vulgairement appelée la justice.

— Et que me ferait-on, si j'avais tenté d'empoisonner quelqu'un?

— Je vous ferai encore humblement observer, monsieur Faringhea, que je n'ai pas le loisir de vous professer un cours de jurisprudence criminelle. Seulement, croyez-moi, résistez à la tentation d'étrangler ou d'empoisonner qui que ce soit. Un dernier mot : voulez-vous ou non me remettre les lettres de M. Josué?

— Les lettres relatives au prince Djalma? — dit le métis.

Et il regarda fixement Rodin, qui, malgré une vive et subite angoisse, demeura impénétrable et répondit le plus simplement du monde :

— Ignorant le contenu des lettres que vous retenez, monsieur, il m'est impossible de vous répondre. Je vous prie, et au besoin je vous requiers, de me remettre ces lettres... ou de sortir d'ici.

— Vous allez dans quelques minutes me supplier de rester, frère.

— J'en doute.

— Quelques mots feront ce prodige... Si tout à l'heure je vous parlais d'empoisonnement, frère, c'est que vous avez envoyé un médecin... au château de Cardoville pour empoisonner... momentanément, le prince Djalma.

Rodin, malgré lui, tressaillit imperceptiblement, et reprit :

— Je ne comprends pas...

— Il est vrai; je suis un pauvre étranger qui ai sans doute beaucoup d'accent : pourtant je vais tâcher de parler mieux. Je sais, par les lettres de Josué, l'intérêt que vous avez à ce que le prince Djalma ne soit pas ici... demain, et ce que vous avez fait pour cela. M'entendez-vous?

— Je n'ai rien à vous répondre.

Deux coups frappés à la porte interrompirent la conversation.

— Entrez, dit Rodin.

— La lettre a été portée à son adresse, monsieur — dit un vieux domestique en s'inclinant — voici la réponse.

Rodin prit le papier qu'on lui présentait, et, avant de l'ouvrir, dit courtoisement à Faringhea :

— Vous permettez, monsieur?

— Ne vous gênez pas — dit le métis.

— Vous êtes bien bon — répondit Rodin, qui, après avoir lu, écrivit rapidement quelques mots au bas de la réponse qu'on lui apportait, et dit au domestique en la lui remettant :

— Renvoyez ceci à la même adresse.

Le domestique s'inclina et disparut.

— Puis-je continuer? — demanda le métis à Rodin.

— Parfaitement.

— Je continue donc — reprit Faringhea...
— Avant-hier, au moment où, tout blessé qu'il était, le prince allait, par mon conseil, partir pour Paris, est arrivée une belle voiture avec de superbes présents destinés à Djalma par un ami inconnu. Dans cette voiture il y avait deux hommes : l'un envoyé par l'ami inconnu; l'autre était un médecin... envoyé par vous pour donner des secours à Djalma et l'accompagner jusqu'à son arrivée à Paris... C'était charitable, n'est-ce pas, frère?

— Continuez votre histoire, monsieur.

— Djalma est parti hier... En déclarant que la blessure du prince empirerait d'une manière très-grave s'il ne restait pas étendu dans la voiture pendant tout le voyage, le médecin s'est ainsi débarrassé de l'envoyé de l'ami inconnu, qui est reparti pour Paris, de son côté; le médecin a voulu m'éloigner à mon tour; mais Djalma a si fort insisté, que nous sommes partis, le médecin, le prince et moi. Hier soir, nous arrivons à moitié chemin; le médecin trouve qu'il faut passer la nuit dans une auberge : nous avions — disait-il — tout le temps d'être arrivés à Paris ce soir, le prince ayant annoncé qu'il lui fallait absolument être à Paris le 12 au soir. Le médecin avait beaucoup insisté pour partir seul avec le prince. Je savais, par la lettre de Josué, qu'il vous importait beaucoup que Djalma ne fût pas ici le 13; des soupçons me sont venus; j'ai demandé à ce médecin s'il vous connaissait; il m'a répondu avec embarras;... alors au lieu de soupçons, j'ai eu des certitudes... Arrivé à l'auberge, pendant que le médecin était auprès de Djalma, je suis monté à la chambre du docteur, j'ai examiné une boîte remplie de plusieurs flacons qu'il avait apportés : l'un d'eux contenait de l'opium... J'ai deviné.

— Qu'avez-vous deviné, monsieur?

— Vous allez le savoir... Le médecin a dit à Djalma, avant de se retirer : — « Votre » blessure est en bon état, mais la fatigue du

» voyage pourrait l'enflammer ; il sera bon
» demain dans la journée de prendre une
» potion calmante que je vais préparer ce soir
» afin de l'avoir toute prête dans la voi-
» ture... » Le calcul du médecin était simple
— ajouta Faringhea — le lendemain (qui est
aujourd'hui) le prince prenait la potion sur
les quatre ou cinq heures du soir... bientôt il
s'endormait profondément... Le médecin inquiet faisait arrêter la voiture dans la soirée...
déclarait qu'il y avait du danger à continuer
la route... passait la nuit dans une auberge,
et s'établissait auprès du prince, dont l'assoupissement n'aurait cessé qu'à l'heure qui vous
convenait. Tel était votre dessein ; il m'a paru
habilement projeté, j'ai voulu m'en servir
pour moi-même, et j'ai réussi.

— Tout ce que vous dites là, mon cher
monsieur — dit Rodin en rongeant ses ongles
— est de l'hébreu pour moi.

— Toujours, sans doute à cause de mon
accent... mais dites-moi... connaissez-vous
l'*array-mow?*

— Non.

— Tant pis, c'est une admirable production de l'île de Java, si fertile en poisons.

— Eh, que m'importe! — dit Rodin d'une voix brève et pouvant à peine dissimuler son anxiété croissante.

— Cela vous importe beaucoup. Nous autres fils de Bohwanie nous avons horreur de répandre le sang — reprit Faringhea ; — mais pour passer impunément le lacet autour du cou de nos victimes, nous attendons qu'elles soient endormies... Lorsque leur sommeil n'est pas assez profond, nous l'augmentons à notre gré; nous sommes très-adroits dans notre œuvre : le serpent n'est pas plus subtil, le lion plus audacieux. Djalma porte nos marques... L'*array-mow* est une poudre impalpable; en en faisant respirer quelques parcelles pendant le sommeil, ou en le mêlant au tabac d'une pipe pendant qu'on veille, on jette sa victime dans un assoupissement dont rien ne peut la tirer. Si l'on craint de donner une dose trop forte à la fois, on en fait aspirer plusieurs fois durant le sommeil et on le prolonge ainsi sans danger autant de temps que l'homme peut rester sans boire ni manger... trente ou quarante heures environ... Vous voyez combien l'usage de l'opium est grossier auprès de ce divin narcotique... J'en avais apporté de Java une certaine quantité... par simple curiosité... sans oublier le contre-poison.

— Ah! il y a un contre-poison? — dit machinalement Rodin.

— Comme il y a des gens qui sont tout le contraire de ce que nous sommes, frère de la bonne-œuvre... Les Javanais appellent le suc de cette racine le *touboe;* il dissipe l'engourdissement causé par l'*array-mow*, comme le soleil dissipe les nuages... Or, hier soir, étant certain des projets de votre émissaire sur Djalma, j'ai attendu que ce médecin fût couché, endormi... Je me suis introduit en rampant dans sa chambre... et je lui ai fait aspirer une telle dose d'*array-mow*... qu'il doit dormir encore...

— Malheureux! — s'écria Rodin de plus en plus effrayé de ce récit, car Faringhea portait un coup terrible aux machinations du *socius* et de ses amis. — Mais vous risquiez d'empoisonner ce médecin.

— Frère... comme il risquait d'empoisonner Djalma. Ce matin nous sommes donc partis, laissant votre médecin dans l'auberge, plongé dans un profond sommeil. Je me suis trouvé seul dans la voiture avec Djalma. Il fumait, en véritable Indien ; quelques parcelles d'*array-mow*, mélangées au tabac, dont j'ai rempli sa longue pipe, l'ont d'abord assoupi... Une nouvelle dose qu'il a aspirée l'a endormi profondément, et à cette heure il est dans l'auberge où nous sommes descendus. Maintenant, frère,... il dépend de moi de laisser Djalma plongé dans son assoupissement, qui durera jusqu'à demain soir,... ou de l'en faire sortir à l'instant... Ainsi, selon que vous satisferez ou non à ma demande, Djalma sera ou ne sera pas demain rue Saint-François, n° 3.

Ce disant, Faringhea tira de sa poche la médaille de Djalma et dit à Rodin en la lui montrant :

— Vous le voyez, je vous dis la vérité... Pendant le sommeil de Djalma, je lui ai enlevé cette médaille, la seule indication qu'il ait de l'endroit où il doit se trouver demain...

Je finis donc par où j'ai commencé, en vous disant : — « Frère, je viens vous demander beaucoup! »

Depuis quelques moments, Rodin, selon son habitude lorsqu'il était en proie à un accès de rage muette et concentrée, se rongeait les ongles jusqu'au sang.

A ce moment, le timbre de la loge du portier sonna trois coups espacés d'une façon particulière.

Rodin ne parut pas faire attention à ce bruit; et pourtant, tout à coup, une étincelle brilla dans ses petits yeux de reptile, pendant que Faringhea, les bras croisés, le regardait avec une expression de supériorité triomphante et dédaigneuse.

Le *socius* baissa la tête, garda le silence, prit machinalement une plume sur son bureau, et en mâchonna la barbe pendant quelques secondes, en ayant l'air de réfléchir profondément à ce que venait de lui dire Faringhea. Enfin, jetant la plume sur le bureau, il se retourna brusquement vers le métis, et lui dit d'un air profondément dédaigneux :

— Ah çà, monsieur Faringhea ! est-ce que vous prétendez vous moquer du monde avec vos histoires ?

Le métis, stupéfait, malgré son audace, recula d'un pas.

— Comment, monsieur — reprit Rodin — vous venez ici, dans une maison respectable, vous vanter d'avoir dérobé une correspondance, étranglé celui-ci, empoisonné ceux-là avec un narcotique ! Mais c'est du délire, monsieur ; j'ai voulu vous écouter jusqu'à la fin, pour voir jusqu'où vous pousseriez l'audace... Car il n'y a qu'un monstrueux scélérat qui puisse venir se targuer de si épouvantables forfaits ; mais je veux bien croire qu'ils n'existent que dans votre imagination.

En prononçant ces mots avec une sorte d'animation qui ne lui était pas habituelle, Rodin se leva et, tout en marchant, s'approcha peu à peu de la cheminée pendant que Faringhea, ne revenant pas de sa surprise, le regardait en silence ; pourtant, au bout de quelques instants, il reprit d'un air sombre et farouche :

— Prenez garde, frère... ne me forcez pas à vous prouver que j'ai dit la vérité.

— Allons donc, monsieur! il faut venir des antipodes pour croire les Français si faciles à duper. Vous avez, dites-vous, la prudence du serpent et le courage du lion. J'ignore si vous êtes un lion courageux; mais pour serpent prudent... je le nie. Comment! vous avez sur vous une lettre de M. Josué qui peut me compromettre (en admettant que tout ceci ne soit pas une fable); le prince Djalma est plongé dans une torpeur qui sert mes projets et dont vous seul le pouvez faire sortir; vous pouvez enfin, dites-vous, porter un coup terrible à mes intérêts, et vous ne réfléchissez pas, lion terrible, serpent subtil, qu'il ne s'agit pour moi que de gagner vingt-quatre heures. Or, vous arrivez du fond de l'Inde à Paris; vous êtes étranger et inconnu à tous, vous me croyez aussi scélérat que vous, puisque vous m'appelez frère, et vous ne songez pas que vous êtes ici en mon pouvoir; que cette rue est solitaire, cette maison écartée, que je puis avoir ici sur-le-champ trois ou quatre personnes capables de vous garrotter en une seconde, tout étrangleur que vous êtes!... et cela seulement en tirant le cordon de cette sonnette — ajouta Rodin en le prenant en effet à la main.

N'ayez donc pas peur — ajouta-t-il avec un sourire diabolique en voyant Faringhea faire un brusque mouvement de surprise et de frayeur; — est-ce que je vous préviendrais si je voulais agir de la sorte!... Voyons, répondez... Une fois garrotté et mis en lieu de sûreté pendant vingt-quatre heures, comment pourriez-vous me nuire? Ne me serait-il pas alors facile de m'emparer des papiers de Josué, de la médaille de Djalma, qui, plongé dans son assoupissement jusqu'à demain soir, ne m'inquiéterait plus?... Vous le voyez donc bien, monsieur, vos menaces sont vaines... parce qu'elles reposent sur des mensonges, parce qu'il n'est pas vrai que le prince Djalma soit ici et en votre pouvoir... Allez... sortez d'ici, et une autre fois, quand vous voudrez faire des dupes, adressez-vous mieux.

Faringhea restait frappé de stupeur : tout ce qu'il venait d'entendre lui semblait très-probable; Rodin pouvait s'emparer de lui, de la lettre de Josué, de la médaille, et, en le retenant prisonnier, rendre impossible le réveil de Djalma, et pourtant Rodin lui ordonnait de sortir, à lui Faringhea qui se croyait si redoutable.

A force de chercher les motifs de la conduite inexplicable du *socius*, le métis s'imagina, et en effet il ne pouvait penser autre chose, que Rodin, malgré les preuves qu'il lui apportait, ne croyait pas que Djalma fût en son pouvoir; de la sorte, le dédain du correspondant de Josué s'expliquait naturellement.

Rodin jouait un coup d'une grande hardiesse et d'une grande habileté; aussi, tout en ayant l'air de grommeler entre ses dents d'un air courroucé, il observait en dessous, mais avec une anxiété dévorante, la physionomie de l'Étrangleur.

Celui-ci, presque certain d'avoir pénétré le secret motif de la conduite de Rodin, reprit:

— Je vais sortir,... mais un mot encore;... vous croyez que je mens...

— J'en suis certain, vous m'avez débité un

tissu de fables; j'ai perdu beaucoup de temps à les écouter, faites-moi grâce du reste... Il est tard, veuillez me laisser seul.

— Une minute encore... vous êtes un homme, je le vois, à qui... l'on ne doit rien cacher — dit Faringhea. — A cette heure je ne puis attendre de Djalma qu'une espèce d'aumône et un mépris écrasant, car, du caractère dont il est, lui dire : donnez-moi beaucoup, parce que pouvant vous trahir, je ne l'ai pas fait... ce serait m'attirer son courroux et son dédain... J'aurais pu vingt fois le tuer... mais son jour n'est pas encore venu — dit l'Étrangleur d'un air sombre — et pour attendre ce jour... et d'autres funestes jours, il me faut de l'or, beaucoup d'or... vous seul pouvez m'en donner en payant ma trahison envers Djalma, parce qu'à vous seul elle profite. Vous refusez de m'entendre, parce que vous me croyez menteur... J'ai pris l'adresse de l'auberge où nous sommes descendus, la voici. Envoyez quelqu'un s'assurer de la vérité de ce que je dis, alors vous me croirez; mais le prix de ma trahison sera cher. Je vous l'ai dit, je vous demanderai beaucoup.

Ce disant, Faringhea offrait à Rodin une adresse imprimée; le *socius*, qui suivait du coin de l'œil tous les mouvements de Faringhea, fit semblant d'être profondément absorbé, de ne pas l'entendre, et ne répondit rien.

— Prenez cette adresse... et assurez-vous que je ne mens pas — reprit Faringhea en tendant de nouveau l'adresse à Rodin.

— Hein... qu'est-ce? — dit celui-ci en jetant à la dérobée un rapide regard sur l'adresse, qu'il lut avidement mais sans y toucher.

— Lisez cette adresse — répéta le métis — et vous pourrez vous assurer que...

— En vérité, monsieur — s'écria Rodin en repoussant l'adresse de la main — votre impudence me confond. Je vous répète que je ne veux avoir rien de commun avec vous. Pour la dernière fois je vous somme de vous retirer... Je ne sais pas ce que c'est que le prince Djalma... Vous pouvez me nuire, dites-vous; nuisez-moi, ne vous en gênez pas, mais pour l'amour du ciel sortez d'ici.

Ce disant, Rodin sonna violemment.

Faringhea fit un mouvement comme s'il eût voulu se mettre en défense.

Un vieux domestique à figure débonnaire et placide se présenta aussitôt.

— Lapierre... éclairez monsieur — lui dit Rodin en lui montrant du geste Faringhea.

Celui-ci, épouvanté du calme de Rodin, hésitait à sortir.

— Mais, monsieur — lui dit Rodin remarquant son trouble et son hésitation — qu'attendez-vous? Je désire être seul...

— Ainsi, monsieur — lui dit Faringhea en se retirant lentement et à reculons — vous refusez mes offres? Prenez garde,... demain il sera trop tard.

— Monsieur, j'ai l'honneur d'être votre très-humble serviteur.

Et Rodin s'inclina avec courtoisie.

L'Étrangleur sortit.

La porte se referma sur lui.

Aussitôt, le P. d'Aigrigny parut sur le seuil de la pièce voisine. Sa figure était pâle et bouleversée.

— Qu'avez-vous fait? — s'écria-t-il en s'adressant à Rodin. — J'ai tout entendu... Ce misérable, j'en suis malheureusement certain, disait la vérité... l'Indien est en son pouvoir; il va le rejoindre...

— Je ne le pense pas — dit humblement Rodin en s'inclinant et reprenant sa physionomie morne et soumise.

— Et qui empêchera cet homme de rejoindre le prince?

— Permettez... Lorsqu'on a introduit ici cet affreux scélérat, je l'ai reconnu; aussi, avant de m'entretenir avec lui, j'ai prudemment écrit quelques lignes à Morok, qui attendait le bon loisir de Votre Révérence dans la salle basse avec Goliath; plus tard, pendant le cours de la conversation, lorsqu'on m'a apporté la réponse de Morok, qui attendait mes ordres, je lui ai donné de nouvelles instructions, voyant le tour que prenaient les choses.

— Et à quoi bon tout ceci, puisque cet homme vient de sortir de cette maison?

— Votre Révérence daignera peut-être remarquer qu'il n'est sorti qu'après m'avoir donné l'adresse de l'hôtel où est l'Indien, grâce à mon innocent stratagème de dédain...

S'il eût manqué, Faringhea tombait toujours entre les mains de Goliath et de Morok, qui l'attendaient dans la rue à deux pas de la porte. Mais nous eussions été très-embarrassés, car nous ne savions pas où habitait le prince Djalma...

— Encore de la violence! — dit le P. d'Aigrigny avec répugnance.

— C'est à regretter,... fort à regretter... — reprit Rodin... — mais il a bien fallu suivre le système adopté jusqu'ici.

— Est-ce un reproche que vous m'adressez? — dit le P. d'Aigrigny, qui commençait à trouver que Rodin était autre chose qu'une machine à écrire.

— Je ne me permettrais pas d'en adresser à Votre Révérence — dit Rodin en s'inclinant presque jusqu'à terre; — mais il s'agit seulement de retenir cet homme pendant vingt-quatre heures.

— Et ensuite?... Ses plaintes?

— Un pareil bandit n'osera pas se plaindre, d'ailleurs il est sorti librement d'ici. Morok et Goliath lui banderont les yeux après s'être emparés de lui. La maison a une entrée dans la rue *Vieille des Ursins*. A cette heure et par ce temps d'ouragan il ne passe personne dans ce quartier désert. Le trajet dépaysera complétement ce misérable ; on le descendra dans une cave du bâtiment neuf, et demain, la nuit, à pareille heure, on lui rendra la liberté avec les mêmes précautions... Quant à l'Indien, on sait maintenant où le trouver... il s'agit d'envoyer auprès de lui une personne de confiance ; et s'il sort de sa torpeur... il est un moyen très-simple et surtout aucunement violent, selon mon petit jugement — dit modestement Rodin — de le tenir demain éloigné toute la journée de la rue Saint-François.

Le même domestique à figure débonnaire qui avait introduit et éconduit Faringhea rentra dans le cabinet après avoir discrètement frappé ; il tenait à la main une espèce de gibecière en peau de daim, qu'il remit à Rodin en lui disant :

— Voici ce que M. Morok vient d'apporter : il est entré par la rue Vieille.

Le domestique sortit.

Rodin ouvrit le sac et dit au P. d'Aigrigny en lui montrant ces objets :

— La médaille... et la lettre de Josué... Morok a été habile et expéditif.

— Encore un danger évité — dit le marquis ; — il est fâcheux d'en venir à de tels moyens...

— A qui les reprocher sinon au misérable qui nous met dans la nécessité d'y avoir recours ?.. Je vais à l'instant dépêcher quelqu'un à l'hôtel de l'Indien.

— Et à sept heures du matin vous conduirez Gabriel, rue Saint-François ; c'est là que j'aurai avec lui l'entretien qu'il me demande si instamment depuis trois jours.

— Je l'en ai fait prévenir ce soir, il se rendra à vos ordres.

— Enfin — dit le P. d'Aigrigny — après tant de lutte, tant de craintes, tant de traverses, quelques heures maintenant nous séparent de ce moment depuis si long-temps attendu. . . . . . . . . . . . . . . . . . .
. . . . . . . . . . . . . . . . . . . . . .

Nous conduirons le lecteur à la maison de la rue Saint-François.

FIN DU QUATRIÈME VOLUME.

# TABLE DES CHAPITRES.

Chap. Ier. La mascarade. . . . . . . . . . . . . 1
II. Les contrastes . . . . . . . . . . . . 25
III. Le réveille-matin . . . . . . . . . 47
IV. Les adieux. . . . . . . . . . . . . 73
V. Florine . . . . . . . . . . . . . 91
VI. La mère Sainte-Perpétue. . . . . 113
VII. La tentation. . . . . . . . . . . 137
VIII. La Mayeux et mademoiselle de Cardoville.. . . . . . . . . . . 157
IX. Les rencontres. . . . . . . . . . . 183
X. Les rendez-vous . . . . . . . . . 209
XI. Découvertes . . . . . . . . . . . 227
XII. Le Code pénal. . . . . . . . . . 247
XIII. Escalade et effraction . . . . . . 271
XIV. La veille d'un grand jour. . . . 299
XV. L'étrangleur . . . . . . . . . . . 317
XVI. Les deux frères de la bonne-œuvre. . . . . . . . . . . . . . 329

*SOUS PRESSE*, A LA LIBRAIRIE PAULIN, RUE RICHELIEU, 60 :

# BIBLIOTHÈQUE DE POCHE,

Variétés curieuses des Sciences, des Arts, de l'Histoire et de la Littérature;

**Par une Société de gens de lettres et d'érudits.**

10 volumes in-18. Chaque volume contenant la matière de 2 volumes in-8° ordinaires.

**Prix : 3 francs le volume.**

Plusieurs érudits et gens de lettres livrés à des travaux et à des études qui exigent des lectures aussi étendues que variées, frappés du nombre de faits curieux répandus dans des livres peu consultés aujourd'hui, ont eu la pensée de mettre en commun le résultat des découvertes de ce genre qu'ils pourraient faire dans le cours de leurs lectures. Telle est l'origine de ce Recueil qui, formé depuis long-temps, sans autre intention d'abord que l'amusement et l'instruction des associés, a été regardé comme assez intéressant pour donner lieu à une publication que, sans aucun doute, le public accueillera avec plaisir. L'idée de ce Recueil n'est pas tout à fait nouvelle. Il a paru au siècle dernier un assez grand nombre d'ouvrages analogues, mais dont la forme diffère complétement de notre Recueil. Tels sont *les Singularités historiques et littéraires* de dom Liron, les *Récréations historiques* de Dreux du Radier, les *Mélanges tirés d'une grande Bibliothèque*, volumineuse et informe collection, peu estimée du reste, les *Aménités littéraires* de Chomel, et cette nombreuse série de *Variétés historiques, littéraires, amusantes, galantes, ingénieuses*, etc., d'*Amusements historiques, philologiques, littéraires, philosophiques*, etc. Ces ouvrages ont été consultés, et on y a joint le dépouillement de toutes les grandes collections historiques, littéraires, biographiques, qui ont été publiées depuis le siècle dernier en France et à l'étranger, les faits curieux et authentiques signalés par la presse périodique depuis cette époque, la lecture des mémoires, des voyages, etc. On a pu ajouter ainsi facilement à la masse d'instruction recueillie par nos devanciers un contingent d'informations curieuses, dont l'objet est de faire profiter des études de nos auteurs les lecteurs occupés d'autres soins et d'autres travaux.

La classification de notre Recueil présente un avantage sur les ouvrages du même genre qui nous ont précédés; pour ne point parler de la confusion qui naît de l'entassement des matières sans distinction de genre, l'ordre que nous suivons permettra surtout à chacun de faire son choix et d'acheter les parties de l'ouvrage qui s'adressent d'une manière plus particulière à son goût, à son genre d'idées et à ses études.

Nous avons adopté le titre : *Bibliothèque de Poche*, pour indiquer que le sujet de ces volumes, composés d'une foule de notions, de vues, de récits et de faits variés exprimés sous une forme brève, succincte et souvent anecdotique, est approprié surtout à ce genre de lecture, qui ne demande pas le repos du cabinet, mais qui s'accommode de la promenade, du voyage et de ces courts instants qu'on perd si souvent dans l'attente et dans les intervalles des occupations journalières.

Nous avons approprié également le format de notre Collection à sa destination. Il y a long-temps qu'on parle d'éditions portatives; mais combien peu ont songé à mériter leur nom ! Le format trop petit exige des caractères illisibles; le format plus grand est un format de bibliothèque et ne peut se mettre commodément dans la poche ; nous insistons sur ce dernier mot, car le nôtre réunit les deux avantages et répond aux deux objections.

Ainsi nous comprendrons en dix volumes d'un format commode et portatif les *Variétés curieuses* que nous annonçons, classées sous les titres suivants :

| | | |
|---|---|---|
| 1° Curiosités | littéraires.................................... | 1 vol. |
| 2° — | bibliographiques............................ | 1 vol. |
| 3° — | biographiques................................ | 1 vol. |
| 4° — | historiques.................................... | 1 vol. |
| 5° — | des origines et inventions................ | 1 vol. |
| 6° — | des beaux-arts et de l'archéologie..... | 1 vol. |
| 7° — | militaires...................................... | 1 vol. |
| 8° — | des langues, des proverbes, etc........ | 1 vol. |
| 9° — | des traditions, légendes, mœurs, usages, etc........... | 1 vol. |
| 10° — | anecdotiques................................. | 1 vol. |
| | | 10 vol |

Le tome I, *Curiosités littéraires*, est en vente. — Les vol. suiv. paraîtront de mois en mois.

— PARIS. IMPRIMÉ PAR BÉTHUNE ET PLON. —

www.ingramcontent.com/pod-product-compliance
Lightning Source LLC
Chambersburg PA
CBHW050539170426
43201CB00011B/1483